よくわかる
調理学実験書

小川宣子・真部真里子 編著

朝倉書店

編　者

小川　宣子　　　　　　中部大学　客員教授
（おがわ　のりこ）

真部真里子　　　　　　同志社女子大学　教授
（まなべ　まりこ）

執　筆　者（執筆順）

江口　智美　　　　　　静岡県立大学　講師
（えぐち　さとみ）

辻　美智子　　　　　　名古屋女子大学　講師
（つじ　みちこ）

山口　智子　　　　　　新潟大学　准教授
（やまぐち　ともこ）

吉村　美紀　　　　　　兵庫県立大学　教授
（よしむら　みき）

菅野　友美　　　　　　愛知淑徳大学　教授
（かんの　ともみ）

大田原美保　　　　　　大妻女子大学　教授
（おおたはら　みほ）

野田奈津実　　　　　　尚絅学院大学　准教授
（のだ　なつみ）

───── 書籍の無断コピーは禁じられています ─────

　本書の無断複写（コピー）は著作権法上での例外を除き禁じられています。本書のコピーやスキャン画像、撮影画像などの複製物を第三者に譲渡したり、本書の一部を SNS 等インターネットにアップロードする行為も同様に著作権法上での例外を除き禁じられています。

　著作権を侵害した場合、民事上の損害賠償責任等を負う場合があります。また、悪質な著作権侵害行為については、著作権法の規定により 10 年以下の懲役もしくは 1,000 万円以下の罰金、またはその両方が科されるなど、刑事責任を問われる場合があります。

　複写が必要な場合は、奥付に記載の JCOPY（出版者著作権管理機構）の許諾取得または SARTRAS（授業目的公衆送信補償金等管理協会）への申請を行ってください。なお、この場合も著作権者の利益を不当に害するような利用方法は許諾されません。

　とくに大学等における教科書・学術書の無断コピーの利用により、書籍の流通が阻害され、書籍そのものの出版が継続できなくなる事例が増えています。

　著作権法の趣旨をご理解の上、本書を適正に利用いただきますようお願いいたします。　　　　　　　　　　　　　　［2025 年 1 月現在］

は し が き

　調理学は，多種類の食品素材や技術手法を対象とし，その理論を実際の調理に反映するために，講義と実習を並行して行う実学の科目である．近年，調理の合理化・簡素化の流れのなかで，調理機器や新調理法などが盛んに開発されたため，その適切な活用には食品素材の持つ基本的性質についての理解がいっそう重要になってきた．

　そこで，食品の調理性や調理手法の原理を，確かな知識として定着させ，かつ，応用力や創造力を身につけるためにも，実習に加えて実験に取り組むことが望まれる．実験では食品の変化を観察し，結果の意味を理解して考察することで，さらに，新しい課題の発見へとつながっていくことも期待される．したがって，調理学実験では結果のみに着目せず，実験の過程をよく観察することや結果と既存の知見を照らし合わせて考察することが大切となる．

　本書『よくわかる調理学実験書』は，調理科学分野の新たな潮流にも対応すべく，以下の内容を組み入れた．

　まず，各実験の後ろに「Cookery Science」として，実験結果を考察する手がかりになるように調理科学の基礎知識を掲載した．

　また，機器を用いての実験も増えているため，機器測定の理論や使用上の注意などもできるだけ詳しく記載した．

　さらに，調理学の一分野でもある食文化や食生活では，聞き取りやアンケートによる調査的アプローチが必要となるため，調査をする上での注意点や解析方法についても内容に組み入れた．

　実験方法や測定方法に不統一な箇所，意に満たない箇所などもあるが，今後，皆様からご高教をいただき，よりよく改訂していきたいと考えている．

　2024 年 8 月

編　者

目　次

調理実験を始めるにあたって ……………………………………… 8　　　　　　　（江口）
   1. 実験前の準備　*8*
   2. 実験中の留意点　*10*
   3. 実験終了後　*12*
   4. レポートの書き方　*14*

計　　量 ………………………………………………………… 16　　　（辻：1〜3，江口：4）
   1. 秤　　量　*16*
   2. 容　　量　*18*
   3. 体　　積　*20*
   4. 試薬の作り方　*22*

§ 1. 米に関する実験 ………………………………………… 26　　　　　　　（山口）
   § 1-1 うるち米，もち米の浸漬の効果　*26*
   § 1-2 洗米の影響　*28*
   § 1-3 味付け飯における調味料の影響　*30*
   § 1-4 米粉の吸水　*32*

§ 2. 小麦粉に関する実験 …………………………………… 34　　　　　　　（吉村）
   § 2-1 小麦粉の性質（粘弾性）　*34*
   § 2-2 小麦粉の膨化（スポンジケーキ）　*36*

§ 3. でんぷんに関する実験 ………………………………… 38　　　　　　　（菅野）
   § 3-1 でんぷんの種類による加熱ゲルの性状の違い　*38*
   § 3-2 でんぷん汁と湯の温度降下の比較　*40*

§ 4. 卵に関する実験 ………………………………………… 42　　（小川：§ 4-1〜4-3，真部：§ 4-4）
   § 4-1 卵の鮮度　*42*
   § 4-2 砂糖添加が卵の起泡性と安定性に及ぼす影響　*44*
   § 4-3 希釈卵液の熱凝固性　*46*
   § 4-4 加熱による卵白の消化性の変化　*48*

目　次

§ 5.　肉に関する実験 ……………………………………………… 50　　　（真部：§ 5-1・5-3, 辻：§ 5-2・5-4）

§ 5-1　加熱によるすね肉の硬さとスープの味　50

§ 5-2　ハンバーグステーキに加える副材料の影響　52

§ 5-3　酵素による肉の軟化　54

§ 5-4　ひき肉の加工　56

§ 6.　魚に関する実験 ……………………………………………… 58　　　（真部）

§ 6-1　魚肉のすり身に関する実験　58

§ 7.　野菜・果実に関する実験 …………………………………… 60　　　（菅野：§ 7-1〜7-4, 真部：§ 7-5）

§ 7-1　野菜の色の加熱による変化　60

§ 7-2　野菜の吸水と放水　62

§ 7-3　果物の褐変　64

§ 7-4　ペクチンのゲル化　66

§ 7-5　加熱調理における野菜中のアスコルビン酸（還元型ビタミン C）量の変化　68

§ 8.　豆・いもに関する実験 ……………………………………… 72　　　（大田原：§ 8-1, 辻：§ 8-2〜8-5）

§ 8-1　乾燥豆類の吸水　72

§ 8-2　大豆の加工　74

§ 8-3　さつまいもの加熱方法と糖度の関係　76

§ 8-4　じゃがいもの調理　78

§ 8-5　あんの調製　81

§ 9.　乳・乳製品に関する実験 …………………………………… 84　　　（真部：§ 9-1, 山口：§ 9-2）

§ 9-1　牛乳の加熱, 酸による変化　84

§ 9-2　クリームの泡立てと分離　86

§ 10.　砂糖に関する実験 ………………………………………… 88　　　（真部：§ 10-1, 野田：§ 10-2・10-3）

§ 10-1　砂糖の加熱温度とその性質　88

§ 10-2　フォンダン・砂糖衣と抜糸・飴　90

§ 10-3　アミノ・カルボニル反応による着色と香気　92

§ 11.　寒天・ゼラチンに関する実験 …………………………… 94　　　（江口：§ 11-1, 菅野：§ 11-2）

§ 11-1　砂糖, 酸, 牛乳の影響　94

§ 11-2　ゼラチンのゲル化に及ぼす酵素の影響　96

§ 12.　油脂に関する実験 ………………………………………… 98　　　（小川）

§ 12-1　乳化性に関する実験　98

目　次

§ 13. だし汁に関する実験 ………………………………… 100　　　　　　　（大田原）

　　§ 13-1　種々の和食だし汁の調理法と風味　100

§ 14. 飲み物に関する実験 ………………………………… 102　　　　　　　（大田原）

　　§ 14-1　緑茶の入れ方―緑茶の種類と適する浸出条件　102

§ 15. 食品の物性に関する実験 ……………………………… 104　　　　　　　　　（吉村）

　　§ 15-1　テクスチャー測定　104

　　§ 15-2　粘度測定　106

§ 16. 官能評価 ………………………………………………… 108　　　　　　　　　（小川）

　　§ 16-1　方法および実施にあたっての注意　108

　　§ 16-2　2試料の差異を判定する方法　110

　　§ 16-3　順位法　112

　　§ 16-4　評点法　114

§ 17. 人を対象とする調査 …………………………………… 116　　　　　　　　　（小川）

　　§ 17-1　調査手順　116

　　§ 17-2　調査方法　117

　　§ 17-3　調査例　117

§ 18. 測定機器 ………………………………………………… 122　　（江口：§ 18-1〜18-9, 吉村：§ 18-2）

　　§ 18-1　レオメーター（テクスチュロメーター）　122

　　§ 18-2　粘度計　124

　　§ 18-3　測色色差計　126

　　§ 18-4　塩分濃度計　128

　　§ 18-5　糖度計　130

　　§ 18-6　pH メーター　132

　　§ 18-7　温度計　134

　　§ 18-8　顕微鏡　136

　　§ 18-9　比重計　138

検定表 ……………………………………………………………………………… 140

参考文献 …………………………………………………………………………… 145

索　　引 …………………………………………………………………………… 153

調理実験を始めるにあたって

1 実験前の準備

(1) 調理学実験の目的

　調理科学は，調理を自然科学の手法で解明し体系化する学問であるが，その対象は非常に複雑であり，解明には困難を伴う。食品は多成分の複合系であるものがほとんどであり，調理は食品に微妙かつ複雑な変化を加える過程であるうえ，調理された料理は嗜好や健康状態などの異なるさまざまな対象者が食べるためである。したがって，調理学・調理科学の複雑な現象を科学的に正しく解明するためには，いくつかの評価方法を併用し，諸条件をよく整えて実施することが求められる。
　調理学実験では，科学的・分析的素養（知識・技能）を身につけ，観察力，洞察力，応用力を養うことを目的とする。

❶ 調理学・調理科学の講義で学んだ理論を，実験を通して体得する。
　（食品ごとの調理特性，調理操作の要点など）
❷ 主観的・客観的評価方法や調査方法を会得し，対象者の食事計画に活用する。
❸ 調理の疑問を科学的に解明するために，さらに高度な研究を推進する基礎を養う。

(2) ノートの準備と予習

❶ 行う実験の目的，方法（試料，器具，方法），結果のまとめ，Cookery　Science などを事前によく読み，操作の意味や必要性を理解して実験できるようにしておく。
❷ ノートを準備し，方法を自分で整理して，フローチャートなどにまとめておくとよい（図0-1-1）。ルーズリーフやメモ帳などの紙片は紛失のおそれがあるので用いない。

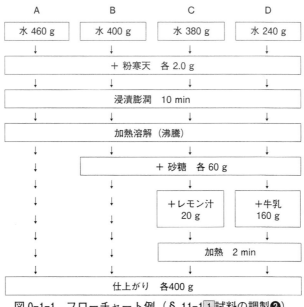

図 0-1-1　フローチャート例（§ 11-1 1 試料の調製❷）

1．実験前の準備

(3) 必要物品等の準備

試料，器具，測定機器，被験者等を準備する。

(4) 実験を安全に行うために

実験には危険が伴う。事故防止のため，細心の注意を払って安全に行う。

[身支度]

❶ 身軽な服装の上に実験用白衣を着用し，ボタンをとめる。実験衣からフードや袖を出さない。

❷ 長い髪は束ねる。マニキュアはしない。アクセサリー類は外す。

❸ 底の低い脱げにくい運動靴などに履き替える。

❹ 手を洗う。手拭タオルは常に身につけておく。

[実験室のエチケットやマナー]

❶ 実験に不要なものは持ち込まない。実験室内での指示のない勝手な飲食は厳禁である。

❷ 走らない。大声を出さない。清潔，整理整頓に留意する。

❸ 自分はもちろん，共同実験者など他人の行動にも気を配る。

❹ 事前の説明をよく聞き，危険を伴う箇所や注意事項をしっかりと確認する。

❺ 万が一事故が起きてしまった場合は，すぐに担当教員に知らせ，その指示に従いすばやく適切な応急処置を行う。身体におよぶ事故の場合は，状況に応じて保健室の指示や医師の手当てを受ける。以下，よく起こる事故とその一般的な対処法である。臨機応変に対処する。

[ガラス器具による外傷]

❶ ガラス器具は，破損（欠けやひび割れ）に注意する。破損した器具は使用しない。

❷ 破損した場合：素手で触らずに，ほうきやピンセットなどで片付ける。

❸ 外傷を負った場合：傷口にガラスの破片が入っていれば，注意深く破片を除き，水道水で十分に洗い流す。消毒後，止血する。

[薬品による事故]

調理学実験では危険な薬品を使うことは少ないが，扱う場合は十分に注意する。

❶ 強酸や強アルカリが皮膚についた場合：すぐに乾いた布でふきとり，大量の水道水で洗い流す。

❷ 薬品が口に入った場合：すぐに吐き出し，大量の水でよく口を洗う。

[やけど]

❶ 液状の試料を直火で加熱する場合（特に，でんぷん糊液や砂糖溶液を加熱する場合）：火力をこまめに調整し，突沸させない。また，加熱中に試料をのぞき込まない。

❷ やけどを負った場合：すぐに流水や氷水で十分に冷やす。痛みが取れるまで冷やし続ける。

[火 災]

❶ 万が一に備えて，ガスの元栓や消火器の位置，避難路などを確認しておく。

❷ 火元の近くには物を置かない。消火の際は，完全に火が消えたことを確認する。

❸ 火災が起きた場合：消火のため，不燃物でふたをしたり，濡らした布をかけて空気を遮断する。また，ガスの元栓を閉め，燃えやすいものを火元から離す。火災の程度に応じて，消火器を用い，火災報知器などで緊急通報する。

❹ 衣服に火がついた場合：周りの人が，衣服を脱がせるか，非常用シャワーなど水をかけて消す。ナイロンなどの合成繊維や混紡の衣服は溶融して皮膚に密着し大事に至る場合があるので，注意する。

9

調理実験を始めるにあたって

2 ┃ 実験中の留意点

(1) 基本姿勢

実験は，結果だけでなく，途中の「経過」が大変重要である。指示されたとおりにただこなすだけでは得られるものは少ない。

❶ 実験者の好奇心，探究心，観察力，洞察力，着眼点などにより，同じ実験を行っても，実験から得られる示唆は大きく異なる。これらの能力を磨く心構えで実験に望むことにより，貴重な示唆を得ることができる。

❷ 実験では，さまざまな事実（根拠）からひとつの結論を導く論理的思考力を磨くことができる。そのためには，常に実験の目的をよく考えて，手順よく正確に取り組み，細心の注意を払って経過を観察し，経過や結果を正しく記録する。経過の全般を見渡して，得られた結果をよく検討し，予想した結果が得られなかった場合には，原因を考える。

(2) 役割分担

❶ グループで実験を行う場合は，各自の役割を分担し，責任を持って行う。

❷ ただし，自分の役割のみを全うするのではなく，実験全体の把握・理解に努める。

(3) 実験ノートの書き方（図 0-1-2）

ノートへの記録は大変重要であり，レポート作成においても不可欠である。

❶ 油性ボールペンまたは鉛筆で書く。訂正は修正液や消しゴムなどは使用せず取り消し線で行う。

❷ 「正確に」「具体的に」「詳細に」書く。とにかく何でもこまめに記録をとる。

・題目，目的，実験年月日，実施時間，実験環境（天候，室温，湿度，水温など）
・試料：産地，入手法，試薬ラベルの表示，状態，品温など
・器具・機器：器具名，精度，数量，機器名，仕様（製造者名，型）など
・方法：実験当日の注意事項や変更点，実験書に記載のなかった操作など
・経過：気付いたことを何でも（不思議な現象，問題点など）
・結果：観察結果，測定値，計算過程，計算結果など
・考察：思いついたことを何でも（経過や結果に対する原因，着想など）

(4) 実験関連物品の扱い方

常に整理整頓し，ていねいに扱う。

❶ 実験台：整理整頓し，実験台の上に不要なものは置かない。また，通路にも不要なものは置かない。作業スペースや通路を広く確保する。

❷ 試料，試薬：ガラス器具などに入れ替える場合，必ずマーカーやラベルで表示し，誰が見ても中身が分かるようにする。また，試薬は置き場所に注意し，食品に混入しないようにする。

❸ 器具，機器：ていねいに扱う。破損や異常があったときはすぐに知らせる。使用したガラス器具は，汚れたまま乾かないように，すぐに洗う（洗浄方法は「3. 実験終了後」を参照）。

❹ 官能評価など食味を行う場合：試薬などが混入しないように，他の実験用の器具と兼用しない。官能評価用の食器を用いる。

10

2．実験中の留意点

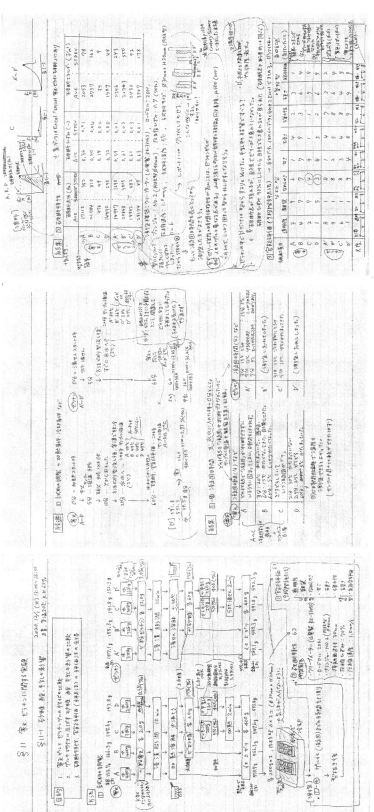

図 0-1-2　ノートの書き方の例（§11 寒天・ゼラチンに関する実験 §11-1 砂糖、酸、牛乳の影響）

ノートの記録をもとにレポートを作成することになる（レポートの書き方は「4．レポートの書き方」を参照）。
したがって、❶後から読んで分かるように書くこと、❷すぐに記録すること、❸大切なことを書き落とさないこと、❹文献を用いた場合は文献を記録しておくこと、に注意するとよい。

3 実験終了後

以下の後片付けなどを行う。各実験室の仕様や実態に応じて，担当教員の指示に従い安全に行う。

(1) 実験器具（ガラス器具）の洗浄・乾燥・保管

[洗 浄]

使用したガラス器具は，すぐに洗う（実験中に洗っていく）。

[1] 通常の汚れの場合（図0-1-3 ①〜⑤）

図0-1-3 ガラス器具（測容器具以外）の洗浄方法

❶ まず水道水で，できるだけ汚れを落としてから，液体洗剤をつけたスポンジやブラシで外側と内側を洗う。欠けやひび割れのある器具がないか注意する。

❷ その後，十分に水道水ですすぐ。水をはじくときは洗浄が不十分なので洗い直す。それでも汚れが落ちないときは，洗剤液に長時間つけ置くか，超音波洗浄器を使う。

❸ 最後に純水を全体に回しかけ（通常3回以上），水道水を洗い流す。

[2] 取り除きにくい汚れの場合

粘稠な油脂や細部などの取り除きにくい汚れは，アセトンなどの溶剤で溶かし出してから，[1]の通常の方法で洗う。

[3] 測容（定容）器具の場合

測容器具（メスシリンダー，メスフラスコ，ホールピペット，メスピペットなど）は，傷が付き容積が不正確になるおそれがあるので，ブラシで洗ってはいけない。

❶ まず水道水で洗ってから洗剤液につけ置く。

❷ その後，十分に水道水で洗った後，純水を通す。

[乾 燥]

[1] 通常の場合

洗浄したガラス器具は水切りカゴに逆さに入れ，乾燥棚に置いて自然乾燥する（図0-1-3 ⑥）。食器は布巾で拭き取ってよいが，ガラス器具は決して布巾で拭き取ってはいけない。

[2] 急ぐ場合

水を切ってから，以下のいずれかの方法で乾かす。

❶ 電気乾燥機（80〜110℃）に入れる。出し入れは素手で行わず，清潔な手袋やるつぼはさみを使う。

❷ アセトンやメタノールを少量入れて流し出す。洗液は必ず回収する（回収後のことは「(2)後始末」を参照）。

❸ ドライヤーや赤外線ランプなどで温めながら，アスピレーターで容器内の空気を吸引する。

3. 実験終了後

3 測容器具の場合

測容器具（メスシリンダー，メスフラスコ，ホールピペット，メスピペットなど）は，自然乾燥する。熱膨張するおそれがあるので，乾燥機に入れてはいけない。

保 管

以下の点に注意する。

❶ ガラス器具同士やふたを重ねるときは，紙片をはさむ。

❷ メスフラスコとふたなど組み合わせのものは紐で結び，一緒にしておく。

❸ メスシリンダーなど倒れて破損しやすい器具は保管場所に気を付ける（必要に応じて，転倒・破損防止のためのスタンドやバンパーなどを利用する）。

(2) 後始末（廃液・廃棄物の処理，実験室の後片付け）

廃液や廃棄物の処理は所定の方法に従い，慎重に行う。不明な場合は必ず確認し，自己判断しない。

廃液の処理

むやみに試薬を流しに捨ててはいけない。調理学実験では廃液管理が必要な試薬を用いる機会は少ないが，用いる実験もある。所定の方法で，廃液だめ等に分別して廃棄する。

廃棄物の処理

❶ 器具を破損した場合は申し出て，危険のないように片付け，安全に廃棄する。

❷ ごみは分別して廃棄する。

・実験に使用した材料で食用に供せるものは捨てないように工夫する。

・固形物や生でんぷんなどの沈殿するものは，排水管につまり，環境汚染の原因にもなるので，流しに廃棄しない。

実験室の後片付け

原則として原状復帰する。

❶ 使用した器具は所定の位置に返却する。

❷ 布巾は熱湯消毒をして，乾燥機または布巾かけで乾燥する。

❸ 実験台，実験台の周囲，床，流しなどを掃除し，片付ける。

❹ 水道，ガスの元栓，機器電源などを点検する。

(3) 実験結果の整理

グループで実験を行った場合は，グループ内で実験結果を整理し，検討する。

4 ｜ レポートの書き方

(1) 基本姿勢

　レポートの作成を通して，実験の理解を深めるとともに，「客観的」かつ「論理的」な思考を養い，「正確に・明確に」「分かりやすく」「簡潔に」表現する力を養う。

❶　「客観的」かつ「論理的」に：読み手の立場に立って書き，読み手を納得させる。

❷　「正確に・明確に」：「事実」（方法，結果）は正確に扱い，「意見」（考察）と明確に区別する。捏造，改ざん，盗用の不正行為は厳に慎む。

❸　「分かりやすく」：順序立てて読みやすい体裁に整える。文章でまとめることが基本だが，箇条書きや図表も活用して「簡潔に」示す。

(2) 構成（一般的）

　目的，方法，結果は過去形，考察は現在形で書く。結果および考察としてもよい。

【表紙】題目，実験年月日，実験環境（天候，室温など），氏名，共同実験者名など。

【目的】目的と理解のポイントを分かりやすく簡潔に書く。

【方法】〔試料〕産地，入手法，試薬は純度，製造社名などを書く。

　　　　〔器具・機器〕機器については，機器名，仕様（製造社名，型）を書く。

　　　　〔実験方法〕流れ図にまとめるなど工夫して分かりやすく書く。

【結果】測定値，観察結果など，実験で得た「事実」を「客観的に」ありのままに書く。失敗も貴重な体験であるからそのまま記録する。数値，単位は「正確に」扱い，図表を活用し「分かりやすく」まとめる（詳細は下記(3)，(4)を参照）。

【考察】実験経過の全般を見渡して，結果に基づいて推察される「意見」を書く。実験が失敗したと考えられるときは，原因や理由を考えて書く。参考文献を読んで，客観的かつ信頼性の高い根拠を示しながら考察するのが望ましい。考察の最後には，目的に対応した結論を簡潔にまとめる。

【感想】付記してもよい（考察には感想は書かない）。

【参考・引用文献】文献を利用した場合は，出典を必ず明示する。

　　　（例）単行本…著者名『書名』出版社，引用ページ（発行年）

　　　　　　雑　誌…著者名「論文名」『雑誌名』巻数，引用ページ（発行年）

　　　　　　Ｈ　Ｐ…著者名 "web 題名" URL（更新年月日，閲覧年月日）

(3) 数値の扱い方

　数値は事実を具体的に表す。数値には，何の数値かを示し，その単位を必ず書く。数値は一般に誤差を伴うので，精度と誤差の伝播を考え，正確に扱う。

❶　有効数字：数値の信頼できる桁数の数字のこと

　表 0-1-1 の規則に従って扱う。実験操作においていくつかの器具・機器を用いる場合，得られた結果の精度は最も精度の低い器具・機器の精度に基づく値となる。有効数字以下の数字は無意味に羅列しない。

4. レポートの書き方

表 0-1-1　有効数字の表記と計算の規則

	規則	例
1.	確実な数字の1つ下の桁に，不確定度のある数字（最小目盛りの1/10の位や誤差を含む数字）を加えて表す	・最小目盛り1 mmの定規の読み … 33.4 mm ・許容誤差±0.02 mLの10 mLホールピペットの容量 … 10.00 mL
2.	有効数字の桁数は，0でない最高の位の数字から末尾の数字までの桁数である	・56.02　…4桁 ・0.0135　…3桁
3.	小数の最後に書かれた0は有効数字とみなす	・1.20　…3桁
4.	a（整数部1桁の小数）$\times 10^p$ と表すと桁数がはっきりする	15400では有効数字がはっきりしないが 1.54×10^4 …3桁，1.540×10^4 …4桁， 1.5400×10^4 …5桁
5.	有効数字の桁数をそろえるときの四捨五入の規則 　直後の桁の数字が5以外の場合：通常の四捨五入 　　〃　　　　5の場合：直前の数字が奇数：切り上げ 　　〃　　　　　　　　　　　　偶数：切り捨て	小数第2位に丸めるとき ・6.828　→ 6.83 ・6.835　→ 6.84 ・6.825　→ 6.82
6.	加減計算：小数点以下の桁数を最小の桁数の数値にそろえる 　① 小数点以下の桁数が最小の数値を探す 　② その1つ下の桁にそろえて計算し，最終桁を四捨五入する	15.8 − 7.40 + 0.394 → 小数第1位が最小の桁数 (15.8) = 15.80 − 7.40 + 0.39 = 8.79 ≒ 8.8
7.	乗除計算：そのまま計算し最小の桁数にそろえる（簡便な方法）	1.357 × 1.2 → 2桁が最小の桁数 (1.2) = 1.6284 ≒ 1.6

❷　統計解析

　分布の位置の代表値として「平均値」，ばらつきの尺度として「標準偏差」を算出することが多い（実験値によって分布や許される統計計算は異なるので，いつでも平均値，標準偏差を算出すればよいわけではない）。できたら，検定を行う。

❸　単位：国際単位系の「SI単位」をルールに従い使用する。

(4) 図表の書き方

　図0-1-4の基礎をふまえ，ひと目で分かるように工夫して書く。
　（棒グラフ：項目の比較，折れ線グラフ：経時変化，円グラフ：配分，に向く）

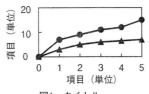

図0-1-4　図表の書き方（基礎）

計量

1 秤量

秤量とは天秤を用いて重量を量ることであり，実験の基本的な操作のひとつである。

(1) 天秤の種類と精度

天秤の種類には，電子天秤や調理用秤などがあり，使用目的にあわせて選択する（図0-2-1）。上皿電子天秤は試薬や試料を小数点以下まで計量するときに用いられる。一方，調理用秤は食材をおおまかに計量するときに用いられる。

分析用電子天秤　　　　　　上皿電子天秤　　　　　　調理用秤

図0-2-1　主な天秤（分析用電子天秤，上皿電子天秤，調理用秤）

天秤を選択するときは，精度（表0-2-1）を事前に確認する。

表0-2-1　精度を表す用語

用語	意味
「秤量」「最大計量」	正確に測定できる最大重量
「感量」「最小表示」	読みとることができる最小重量

(2) 天秤の使用方法

分析用電子天秤を例に説明するが，部位の名称は機器によって異なることがあるため，取扱説明書で確認する。

1　設置場所

天秤を設置する場所の条件として，室温および湿度の変化が少ない環境が望ましい。また，直射日光が当たらない，空気の流れの影響を受けない（空調の風など），粉塵が少ない，振動が少ない，磁気を帯びた機器が近くにない環境を選び，水平で安定した場所に設置するとよい。

1. 秤量

2 計量の操作

2-1 計量前の準備

❶ 天秤の水準器で中央の円のなかに気泡が入るように，高さ調節ねじを操作して調整する（図0-2-2）。

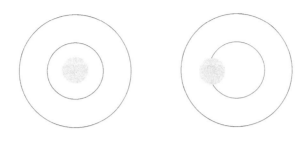

水平の状態（正）　　水平でない状態（否）

図 0-2-2　水準器の確認

❷ 使用する1時間以上前には通電しておく（機器によって通電時間は異なる）。

2-2 計量の操作（分析用電子天秤の場合）

❶ 電源ボタンを押し，重量表示がされるまで待つ。

❷ 重量表示が0になっていない場合は，ゼロ表示できるボタン（RE-ZEROボタン，TAREボタンなど）を押して「ゼロ調整（零点調整）」を行う。

❸ 扉を開けて，薬包紙や空のビーカーなどの容器（風袋）を載せて，扉を閉める。重量表示が安定するまで待ち，ゼロ調整を行う。この操作を「風袋引き（風袋除去）」という。

❹ 扉を開けて，計量物を載せ，扉を閉めて安定するまで待ち，計量値を読み取り，記録する。計量物を載せるときは，薬さじを用いて，目的の量になるまで少しずつ量りとる（図0-2-3）。

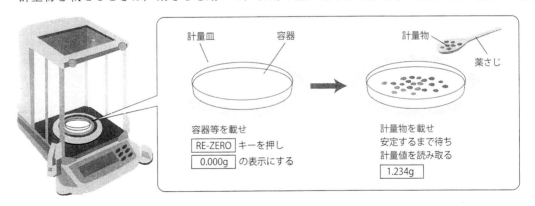

図 0-2-3　計量の操作（分析用電子天秤の場合）

❺ 扉を開けて計量物を載せた風袋を取り出し，扉を閉める。扉は静かに開閉し，計量時以外は閉じておく。

2-3 留意事項

❶ 秤量には，計量物の重量だけではなく風袋の重量も含まれる。そのため，風袋の重量も加味して，秤の秤量を超過しないようにする。

❷ 計量中に試薬や試料をこぼした場合は，電源を切ってから掃除をする。

2 容量

　容量を量るとき，液体が容量器の壁面に付着するため，容量器に入れたときの液量と，容量器から排出する量が異なる。そのため，容量器には受け用と出し用の2種類があり，使用目的に応じて選択する。受け用容量器は，液体を標線まで満たしたときの量が器具に表示されている体積となる。メスフラスコやメスシリンダーがある。出し用容量器の場合は，液体を標線まで満たし，別の容器に排出した量が器具に表示されている体積となる。ホールピペット，メスピペット，ビュレットがある。容量器の目盛りは原則，20℃を標準温度として付けられており，溶液の調製時に温度が違う場合は誤差を生じるため，補正をする必要がある。

(1) 液面の読み方

　細い管内の液面はメニスカスという曲面を示すため，メニスカスの底面で読む。液面を読むときは，目の高さをメニスカスの底部と水平になるように合わせて，最小目盛りの1/10の位まで読み取る。メニスカスを読み取るときは，角度によって視差が生じるため必ず水平方向から読み取る（図0-2-4）。

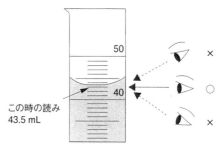

図0-2-4　メニスカスの読み取り方

(2) 主な容量器

1 メスフラスコ

　メスフラスコは，一定濃度の溶液（たとえば，0.5 mol/L 塩化ナトリウム溶液，20％ショ糖溶液など）を正確に調製するときに用いる。メスフラスコに表示されている容量は，メスフラスコの標線に液体のメニスカスの底面が接するまで入れたときの容量であり，他の容器に移したときの量ではない。標線が管部の全周に付けられているので，正面と背面の標線が重なって見える位置に目の高さを調整する。液体を標線まで満たしたら，栓を差し込み，逆さまにして混ぜてから直立に戻す。この操作を数回繰り返して，溶液を均一に混合する。

2 ピペット

2-1 ホールピペット

　ホールピペットは，中央部に膨らみがあり，ホールピペットごとに定められた一定容量を計量するのに用いる。ホールピペットに表示されている容量は，標線まで吸い上げた液体を自然に流下させたときの流出量である。
　使い方は，ピペットの先端を採取する液体に入れ，口で吸い上げる（図0-2-5）。このとき，ピペットの先端を浅く入れて吸い上げると，空気が入り液体を

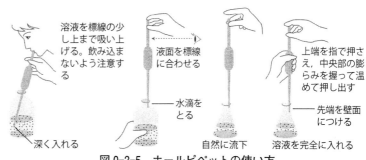

図0-2-5　ホールピペットの使い方

2. 容量

飲み込む場合があるため注意する。液体を標線の上まで吸い上げたら，口を離してすばやく人差し指でピペットの上端を押さえる。押さえている指を少しずつ緩めながら，液面のメニスカスが標線と一致するまで下降させる。液体を出すときは，ピペットの先端を受ける容器の壁面につけ，自然に流下させる。ピペットの先端に残った液体は，ピペットの先端を容器の壁面につけたまま，上端を指で押さえ，中央部の膨らみを手で握って温めて押し出す。誤って飲み込むと危険な液体は，安全ピペッターを用いて操作する（図 0-2-6）。

〈使い方〉
① Ⓐを押さえながら，球内の空気を抜く。
② ピペット先端を溶液につけ，Ⓢを押して溶液を吸い上げる。
③ Ⓔを押して溶液を排出する。

図 0-2-6　安全ピペッター

2-2　メスピペット

メスピペットは，決められた容量を上限として，任意の量を正確に採取するときに用いる。メスピペットは2種類あり，上端の目盛りから下端の目盛りまでの容量を全量とするものと，上端の目盛りからピペット内の液体を全部出し切ったときが全量となるものがある（図 0-2-7）。使い方はホールピペットに準じるが，使用する前にピペットの先端を確認する。

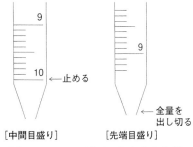

図 0-2-7　メスピペットとその先端

2-3　駒込ピペット

駒込ピペットは，おおよその容量の液体を採取するときや，口で吸うと危険な液体を採取するとき，液体を他の容器に移すときに用いる。ピペットの上端にゴム球を付け，ゴム球を親指と人差し指で包むように挟み，ゴム球を親指で押すと液体を排出する（図 0-2-8）。

図 0-2-8　駒込ピペットと持ち方

3　メスシリンダー

メスシリンダーは，円筒状の容器で，最大容量を示す目盛りと等分された目盛りが刻まれている。最大容量を上限として，任意の量を計量するために用いる（図 0-2-9）。液体の容量は，液体のメニスカスの目盛りを真横から水平に読み取る。本来，メスシリンダーは受け用で設計されており，しばしば出し用として兼用されることはあるが，精度は低い。

図 0-2-9　メスシリンダー

3 体積

食品の体積を量る方法には，水を用いる方法と，菜種（アブラナの種子）や粟粒（粟の種子）を用いる方法がある。

(1) 水を用いる方法

水にぬれても体積に影響しない試料に用いる。水に沈む食品（例：じゃがいもなど）に適している。

[方法]
① メスシリンダーは，試料が入る口径を選ぶ。
② メスシリンダーに適量の水を入れる。水の量は，試料全体が水に沈み（浮いてはいけない），試料を入れても最大目盛りを超えないようにする。水量の目盛りを読み取り，記録する。
③ 試料を②に静かに入れ，増加した水量を読み取り，記録する。
④ ③の水量から②の水量を差し引き，水の増加分の体積が試料の体積（cm³）となる（図0-2-10）。

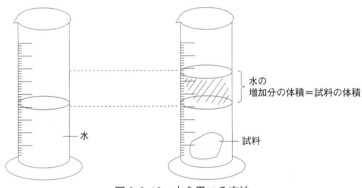

図 0-2-10　水を用いる方法

(2) 菜種や粟粒を用いる方法（菜種法）

水にぬれると体積に影響する試料がある。すなわち水を吸収する食品や水に浮く食品（例：パン，ケーキのスポンジ生地など）に適している。

3. 体　積

方　法

❶ 試料が入る大きさの測定容器（ボールなど）に菜種を山盛りに入れ，定規を用いて平らにすり切る。
❷ 測定容器内の菜種を測定用として別の容器に移しておく。
❸ 測定容器よりも大きいバットを置き，その中に空にした測定容器を置く。
❹ 測定容器内に測定用菜種の一部を入れて平らに敷く。その上に試料を載せ，残りの測定用の菜種を全量入れて，表面を定規ですり切る。
❺ 測定容器からあふれた菜種をメスシリンダーに移し，菜種の量を読み取り，記録する。この菜種の体積が試料の体積（cm^3）となる（図 0-2-11）。

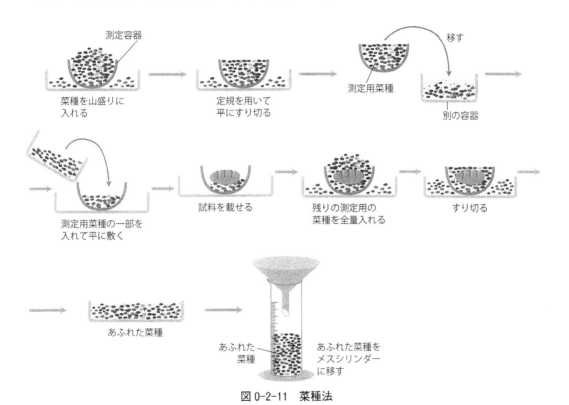

図 0-2-11　菜種法

4 試薬の作り方

(1) 試薬の規格

実験に使用する薬品を総称して試薬という。容器のラベルには，実験に必要なたくさんの情報が記載されている（図0-2-12）。調理学実験では，食材への調味料の影響を検討する場合や官能評価のように実際に試料を口に入れる場合は，等級が食品添加物用の試薬や食品（たとえば塩化ナトリウムであれば食塩，酢酸であれば食酢）を用いることも多い。ラベルの表示をよく読み，実験目的に適した試薬を十分に検討してから使用する。また，ロットによって実験結果が異なることがあるので，ロット番号を控えておくとよい。

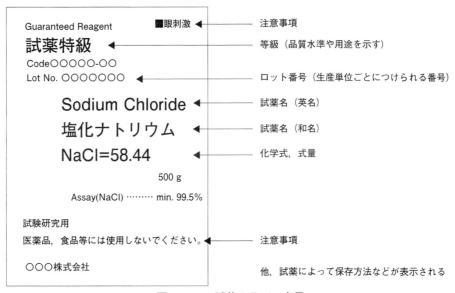

図0-2-12　試薬のラベル表示

(2) 試薬の取扱い

指示どおりの試薬かを確認し，容器内の試薬を汚染しないように扱う。

❶ 容器を開けたら，栓やフタは内側の部分が上を向くように置く。
❷ 必要な量だけ試薬を移す。

《固体試薬（粒状・粉末状）の移し方（図0-2-13）》：少量のときは，乾いた清潔な薬さじで移す。多量のときは，容器を傾けてゆっくりと回しながら移す。口の小さい容器に移すときは，薬包紙などの清潔な紙片を使うのもよい。

図0-2-13　固体試薬の移し方

4. 試薬の作り方

《液体試薬の移し方（図 0-2-14)》：少量のときは，乾いた清潔な駒込ピペットやメスピペットで移す。ゴムキャップの部分や安全ピペッターに試薬が入らないように，試薬を採取したら排出後も横にしない。多量のときは，直接注ぐか，後引きや飛散を防ぐためガラス棒を注ぎ口に当てて注ぐ。試薬の後引きによるラベルの汚染を防ぐため容器はラベルを上にして持つ。口の小さい容器に移すときは，乾いた清潔な漏斗を使うのもよい。

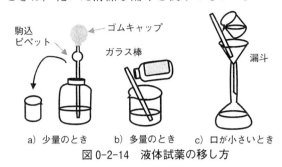

図 0-2-14　液体試薬の移し方

❸ 一度取り出した試薬は汚れているので，取りすぎても元の容器には戻さない。

(3) 溶液・水溶液

溶液とは，溶媒（液体）に溶質（気体，液体，固体）が溶解して均一な状態になっているものをいう。通常，溶媒が水の水溶液を調製することが多い。この場合，水には，蒸留水，イオン交換水などの精製水（純水）を用いる。

(4) 溶液の濃度と調製方法（表 0-2-3）

1　溶液の濃度

さまざまな濃度の表し方がある。一般に，パーセント濃度では厳密な精度は要求されないことが多く，モル濃度は精度が高い。実験の目的などに応じて適切な濃度表示を使用する。

表 0-2-3 のパーセント濃度はいずれも，溶液全体に対する溶質の割合を表す内割計算である。それに対し，実際の調理で用いられる調味パーセントは，材料重量に対しての調味料の割合を表す外割計算である。したがって，調理学実験においては，内割と外割を混同しないように気を付ける（表 0-2-2）。

表 0-2-2　内割計算と外割計算

【例】30% 砂糖水	内割 砂糖水 100 g に対して	外割 水 100 g に対して
砂糖	30 g	30 g
水	70 g	100 g
砂糖水	100 g	130 g

2　調製方法

メスシリンダーやメスフラスコは測容器具であり溶解器具ではない。溶解は基本的にビーカー内で行う。ビーカーは適切な大きさ・形のものを用いる。たとえば，200 mL の溶液を調製する場合，200 mL のビーカーではこぼしやすいので，300 mL のビーカーを選ぶ。また，ビーカーは測容器具ではないので，目盛りは正確でなく目安である。撹拌にはガラス棒かマグネットスターラーを使う（図 0-2-15）。

表 0-2-3　溶液の濃度と調製方法

濃度の表し方	調製の例
重量パーセント濃度 (wt%, %(w/w)) 《最も一般的に用いる》 溶液の全重量(g)中に含まれる溶質の重量(g)を%で示す。 $\dfrac{溶質の重量(g)}{溶液の重量(g)} \times 100$	【3%(w/w)食塩水を50g調製する】 ① 食塩を天秤で秤る（量る）　② 別で水を秤る（量る） 食塩 1.5 g　全量 50 g　水 48.5 g ビーカー内で溶解する ただし、厳密な精度は要求されないので、メスシリンダーで水48.5 mLを量って48.5 gとみなしてもよい。 水の比重は1より、
体積パーセント濃度 (vol%, %(v/v)) 《溶質が液体の場合に用いる》 溶液の全体積(mL)中に含まれる溶質の体積(mL)を%で示す。 $\dfrac{溶質の体積(mL)}{溶液の体積(mL)} \times 100$	【1%(v/v)酢酸溶液を200 mL調製する】 a) ① 酢酸をメスピペット、水をメスシリンダーで量る 　② ビーカーに水を入れてから酢酸を入れ、溶解する 酢酸 2 mL　水 198 mL 不純物として微量含まれる水は無視してよい。 b) ① 酢酸をメスピペットで量る　② 水に溶かし、全量 200 mL にメスアップする 酢酸 2 mL　全量 200 mL メスフラスコはメスシリンダーよりも精度が高い。 実験の目的に応じて適切な方を選択する。
重量/体積パーセント濃度 (%(w/v)) 《液・ゲル状食品等に用いる》 溶液の全体積(mL)中に含まれる溶質の重量(g)を%で示す。 $\dfrac{溶質の重量(g)}{溶液の体積(mL)} \times 100$	【50%(w/v)ショ糖溶液を100 mL調製する】 ① ショ糖を天秤で秤る　② 水に溶かし、全量 100 mL にメスアップする ショ糖 50 g　全量 100 mL 混ぜると体積が減少し200 mLにはならないが精度が低いので問題ない。
体積モル濃度（単に、モル濃度）(M, mol/L) 溶液1L中に含まれる溶質のモル数(mol)で示す。 $\dfrac{溶質の量(mol)}{溶液の体積(L)}$	【0.5 M塩化ナトリウム溶液を200 mL調製する】 ① 塩化ナトリウムの分子量＝58.44 ② 0.1 molに相当する塩化ナトリウム5.844 gを天秤で秤る ③ 水に溶かし、メスフラスコで全量を200 mLにする 塩化ナトリウム 5.844 g　全量 200 mL

パーセント濃度／モル濃度

・w：重量（weight）、v：体積（volume）
・調製の例はあくまでも一例である。実験の目的や要求される精度に応じて、はかり方や器具の選択は変わる。
・いずれの調製においても、溶解はビーカー内で行う（メスシリンダーやメスフラスコ内で直接溶解しない）。

4．試薬の作り方

a）ガラス棒　b）マグネットスターラー
（適切な大きさ・形のビーカーを使う。ビーカーの目盛りは目安）
図 0-2-15　溶液の撹拌

目的に適した精度が得られるはかり方や器具を選択する。メスフラスコはメスシリンダーよりも精度が高い。正確な濃度の溶液や一定体積の溶液を調製する場合などにメスフラスコを使う（図 0-2-16）。メスフラスコを使うほど正確でなくてもよい場合にはメスシリンダーを使う。径が広く容量が大きいほど誤差が大きくなるので，ちょうどよい容量のメスシリンダーを選ぶ。

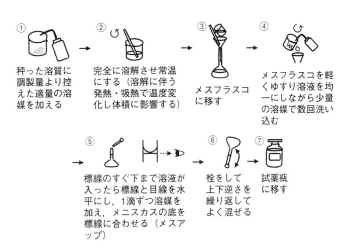

図 0-2-16　メスフラスコでの調製方法

3　溶液の薄め方（希釈）（表 0-2-4）

溶質が液体の場合（エタノール，酢酸，アンモニア，塩酸，硫酸など），濃度の高い溶液を希釈して，目的とする濃度の溶液を調製する。希釈前の市販試薬に表示されている比重・濃度・式量から，何倍に希釈すればよいか計算できる。ただし，正確な濃度の溶液を液体試薬の希釈から直接作ることは困難である。

表 0-2-4　溶液の希釈

手順	【例1】95%（v/v）エタノールから70%（v/v）エタノールを100 mL調製	【例2】95%濃硫酸から3 Mの硫酸を100 mL調製
①希釈前の比重，濃度，式量を確認する	—	濃硫酸（H_2SO_4）の比重：1.84，濃度：95%，式量：98.08
②希釈前のモル濃度を計算する	—	濃硫酸1 L中の硫酸の重量(g)　$\dfrac{1.84 \times 10^3 \times 0.95}{98.08} = 17.8 \fallingdotseq 18$ M
③何倍に希釈すればよいか計算する	95 ÷ 70 倍	18 ÷ 3 ＝ 6 倍
④目的とする濃度の溶液の必要量を決める	100 mL	100 mL
⑤必要量を希釈倍数で除した量の溶液を量りとる	100 ÷（95 ÷ 70）≒ 74 mL	100 ÷ 6 ＝ 16.7 ≒ 17 mL
⑥水に加え最終的に必要量に合わせる注）	約70%（v/v），100 mL	約3 M，100 mL　※　発熱するので冷やしながら行う

注）濃硫酸は溶解熱が大きいため，濃硫酸に水を加えると突沸し硫酸を含んだ水がはね返ることがあり危険である。

1. 米に関する実験

1-1 うるち米，もち米の浸漬の効果

目 的

炊飯時に米を水に浸漬することは，おいしい飯を炊く上で必要な操作である。加熱前に米に水を十分吸収させておくと，加熱時の熱伝導が良くなり，米粒組織内のでんぷんの糊化を促進する。うるち米，もち米の浸漬による吸水率の違いを比較し，浸漬条件が吸水率に影響することを理解する。

理解のポイント！
1. 浸漬中の米の吸水率の変化
2. 浸漬水の温度が吸水に及ぼす影響
3. 米の種類による吸水速度の違い

試 料

うるち米 10 g × 10，もち米 10 g × 5

器 具

ビーカー（100 mL）15 個，メスシリンダー（50 mL），はかり（小数点第 2 位まで測定できるもの），温度計，薬さじ，ガラス棒，茶こし，ペーパータオル

実験方法

① うるち米，もち米の外観（色，形，透明感）を観察する。

② 100 mL のビーカー 5 個にうるち米 10 g ずつを入れる。

③ 米を入れたビーカーの 1 つに水（20℃）50 mL を入れる。

④ ガラス棒で 10 回かき混ぜた後，茶こしで水を切る。

⑤ ペーパータオルの上に米を取り出し，米の上からペーパータオルで軽く押さえて米表面の水分を除き，米の重量を測定する（洗米直後の米重量）。

⑥ 残りの 4 個のビーカーも同様の方法で洗米を行った後，米を元のビーカーに戻し入れ，それぞれ水（20℃）50 mL を加えて，浸漬を開始する。

⑦ 10，20，30，60 分後にビーカー内の米を茶こしに上げて水を切り，⑤と同様の方法で米の重量を測定する（浸漬後の米重量）。

⑧ もち米を用いて，同様に実験する。

⑨ うるち米については，水温を 40℃にして同様に実験する。

$$吸水率（\%）=\frac{洗米直後および浸漬後の米重量-洗米前の米重量（10\,g）}{洗米前の米重量（10\,g）}\times 100$$

§1-1 うるち米，もち米の浸漬の効果

結果 結果を表にまとめよう！
さらに，吸水率（％）の結果から吸水曲線のグラフを作成しよう！

表1-1 米の浸漬による吸水

試料	浸漬水の温度（℃）	測定項目	浸漬時間（分）				
			0（浸漬直後）	10	20	30	60
うるち米	20	米重量［g］ （吸水率［％］）	(　　)	(　　)	(　　)	(　　)	(　　)
うるち米	40	米重量［g］ （吸水率［％］）	(　　)	(　　)	(　　)	(　　)	(　　)
もち米	20	米重量［g］ （吸水率［％］）	(　　)	(　　)	(　　)	(　　)	(　　)

~~~~~ **Cookery Science** ~~~~~

うるち米ともち米は，でんぷんを構成するアミロースとアミロペクチンの比率によって分類される。うるち米はアミロースとアミロペクチンの比率がほぼ1:4，もち米はほぼアミロペクチンのみで構成されている。アミロースはグルコースがα-1,4グリコシド結合により直鎖状に結合したもので，6個のグルコースで一巻きするらせん構造をしている。アミロペクチンはアミロースのところどころがα-1,6グリコシド結合で枝分かれして，房状構造をしていると考えられている（図1-1）。ヨウ素でんぷん反応ではアミロースが多いと青紫色，ほとんどない場合は赤紫色になる。でんぷん組成の違いが吸水率をはじめ，飯の粘りや弾力，おいしさにも違いをもたらす。米の浸漬時における吸水率は水温や浸漬時間に影響される（図1-2）ので，急いで飯を炊く場合は，ぬるま湯に浸漬した後，炊くと良い。

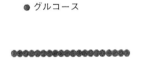

図1-1 アミロースとアミロペクチンの構造

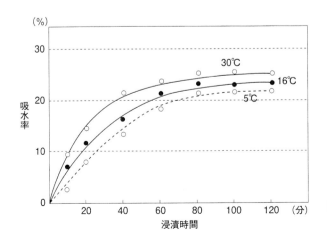

図1-2 うるち米の浸漬時間と吸水率
資料：貝沼やす子『お米とごはんの科学』建帛社，2012，p.46

§1. 米に関する実験

1-2 洗米の影響

目 的

洗米は精白米の表面に付着している糠やゴミを取り除く操作である。以前は手に力を入れて押さえながらかき混ぜ，米粒をこすり合わせて「研ぐ」操作が行われていた。近年は精米技術が向上して糠の付着も少ないことから，「洗う」程度でよいといわれており，洗米の「研ぐ」は糠の除去のみが目的ではないことを米から流出する成分から理解する。

理解のポイント！
1．洗米により流出する成分の検出
2．洗米回数による流出量の違い

試 料

うるち米 20 g

器 具

ビーカー（100 mL）7 個，メスシリンダー（100 mL），スパテラ，茶こし，はかり

実験方法

❶ 米 20 g をビーカーに測りとり，水 60 mL を加え，スパテラで 10 回撹拌する。
❷ 茶こしで米と洗米液を分け，洗米液を別のビーカーに回収する。
❸ ❶〜❷の操作を 6 回繰り返し，洗米液をそれぞれのビーカーに回収する。
❹ 各洗米液を試験管に分注し，以下の実験に用いる。

(1) ビウレット法によるたんぱく質の検出

試 薬

10%水酸化ナトリウム水溶液，0.5%硫酸銅水溶液

器 具

試験管 7 本，試験管立て，ビーカー，メスシリンダー，メスピペット（またはピペットマン），駒込ピペット，薬さじ，はかり

実験方法

❶ 10%水酸化ナトリウム水溶液と 0.5%硫酸銅水溶液を調製する。
❷ 試験管に各洗米液 2 mL を入れる。比較対照として，水 2 mL を入れたものを用意する。
❸ 10%水酸化ナトリウム水溶液 2 mL を加えて混合する。
❹ 0.5%硫酸銅水溶液を数滴入れて混合し，呈色を観察する[1]。

(2) ヨウ素呈色法によるでんぷんの検出

試 薬

ヨウ素液

器 具

パイレックス試験管 7 本，試験管立て，ビーカー，メスフラスコ（100 mL），メスピペット（またはピペットマン），駒込ピペット，試験管ばさみ，薬さじ，はかり，ガスバーナー

28

§ 1-2　洗米の影響

実験方法

❶　ヨウ化カリウム（KI）2 g を水に溶解し，ヨウ素（I_2）0.2 g を加えて全容を 100 mL にする（ヨウ素液）。褐色瓶に保存する。

❷　試験管に各洗米液 5 mL を入れる。比較対照として，水 5 mL を入れたものを用意する。

❸　試験管を左右に軽く揺らしながらガスバーナーで加熱する。泡が少し出る程度加熱したら，一度火から離し，この操作を 3 回繰り返す（突沸に注意する）。

❹　しっかり放冷した後，ヨウ素液を数滴加えて，ヨウ素呈色を観察する[2]。

結　果　結果を表にまとめよう！（目視で確認した色を記入）

表 1-2　洗米により流出する成分

洗米回数	1回目	2回目	3回目	4回目	5回目	6回目
たんぱく質の検出（ビウレット反応）						
でんぷんの検出（ヨウ素呈色）						

Cookery Science

精白米の主な成分は，炭水化物（でんぷん）約 75%，たんぱく質 6～7%，水分約 15% である。米のたんぱく質は植物性たんぱく質のなかでは良質であり，100 g 当たりの含量は少ないものの 1 日の米飯の摂取量から換算すると，米はたんぱく質の主要な供給源にもなっている。米飯の食味は，米のたんぱく質含量や洗米の仕方にも左右される。無洗米は，精白米の表面の糠を取り除いた米であり，洗米せずに炊飯が可能であるため，水溶性栄養成分の損失がなく，水の節約や洗う手間を省くことができる点でメリットがある。さらに，研ぎ汁による水質汚染も発生しないため，環境にも優しい米として普及が進んでいる。

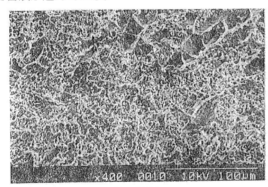
洗った場合

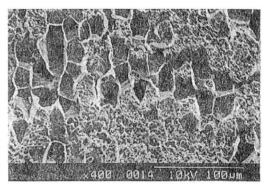
研いだ場合

米を研いだ場合には表面の細胞内にあったでんぷんが流出し，細胞壁のみが見えている部分が多くなっている。細胞から流出したでんぷんは飯の「おねば」になる。

図 1-3　洗米方法による米粒表層部の相違

資料：貝沼やす子・長尾慶子・畑江敬子・島田淳子「洗米方法が米の食味に与える影響」『調理科学』23 (4)，1990，p.421

注
1) たんぱく質など 2 つ以上のペプチド結合（-CO-NH-）を含む化合物と Cu^{2+} が反応すると錯塩を形成し，赤紫～青紫色を呈する。
2) でんぷんが存在すると，でんぷん・ヨウ素複合体を形成し青紫色を呈する。アミロースに比べ，アミロペクチンでは発色が弱い。糖鎖の長さによって，青紫～赤紫～赤～茶～橙～黄色の順に呈する。

§1. 米に関する実験

1-3 味付け飯における調味料の影響

目 的

炊き込みご飯などのしょうゆで味付けした飯を炊く際，しょうゆを添加する時期が米の浸漬時の吸水率に影響を及ぼすことを知り，しょうゆの添加時期について理解する。

理解のポイント！
1. しょうゆの添加時期が米の吸水に及ぼす影響
2. 炊き上がりのしょうゆ飯の食味の違い

試 料

うるち米50g×3，しょうゆ3.5mL×2

器 具

ビーカー（200mL）3個，メスシリンダー（100mL，400mL），ガラス棒，メスピペット（5mL）2本，炊飯器

実験方法

❶ ビーカーを3個（A，B，C）用意し，それぞれ米50gを入れる。

❷ それぞれのビーカーに水100mLを入れてガラス棒で10回攪拌し，水を捨て，この方法で2回洗米後，元の米重量（50g）の1.4倍になるように加水する。

❸ Bのビーカーからメスピペットで水を3.5mL取り除き，代わりにしょうゆを3.5mL入れる。

❹ ビーカーA，B，Cを60分間（または30分間），吸水させる。

❺ 吸水後のCのビーカーからメスピペットで水を3.5mL取り除き，代わりにしょうゆを3.5mL入れる。

❻ ビーカーA，B，Cを炊飯器の内釜に入れ，ビーカーの周囲に水400mLを入れて炊飯する。

❼ 炊きあがったら，それぞれの飯を食味して，味，硬さなどを官能評価により比較する。

❽ レオメーターがあれば，テクスチャー特性（硬さ・付着性）を測定する。

＜ご飯（集合）の測定条件＞
　米飯20gをステンレスシャーレに充填し，直径16mm円柱型のプランジャーを使用し，圧縮歪率50％，測定速度1mm/secで測定する。
＜ご飯（1粒）の測定条件＞
　ご飯1粒をガラスシャーレに置き，直径3mm円柱型のプランジャーを使用し，圧縮歪率80％，測定速度1mm/secで測定する。

結 果　結果を表にまとめよう！

表1-3　味付け飯の調味時期と食味

試料	食味評価			テクスチャー特性	
	味	硬さ	その他	硬さ	付着性
A：しょうゆ無添加					
B：浸漬時にしょうゆ添加					
C：炊飯時にしょうゆ添加					

§1-3 味付け飯における調味料の影響

> **Cookery Science**

　食塩やしょうゆは，米の浸漬時の吸水を妨げる。また，砂糖や酒，食酢などの調味料も吸水を妨げることが分かっている（図1-4 上）。米を2時間浸漬する場合は調味料が存在しても最終的な吸水率にほとんど影響はないが，短時間の吸水を行う場合は，調味料の添加時期に気を付けなければならない。さらに，調味料によっては加熱中の米への吸水も妨げ，米飯の仕上がりに影響することが報告されている。各調味料に浸漬後，加熱した米の吸水率は60℃以上で増加するが，食塩，しょうゆ，トマトペーストでは著しい吸水の阻害がみられる（図1-4 下）。

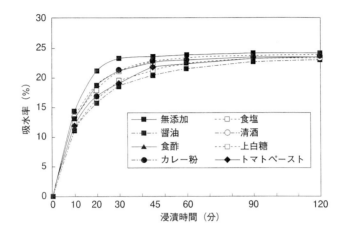

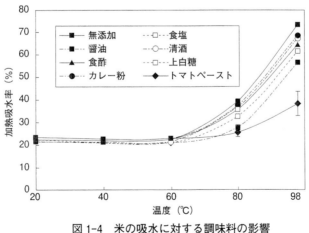

図1-4　米の吸水に対する調味料の影響
（上：浸漬時，下：加熱時）

資料：伊藤純子・香西みどり・貝沼やす子・畑江敬子「米飯の炊飯特性に及ぼす各種調味料の影響（第1報）」
　　　『日本食品科学工学会誌』51（10），2004，pp.533-534

§1. 米に関する実験

1-4 米粉の吸水

目　的

米粉は米を粉砕して得られる粉末であり，うるち米を原料にするもの，もち米を原料にするものがある。団子を作る際に，使用する米粉の種類，こね水の温度，こね回数などが，団子のテクスチャーに影響を及ぼすことを知り，米粉の調理性を理解する。

理解のポイント！

1．こねるときの水の温度の影響
2．こね回数の影響
3．白玉粉を加えたときのテクスチャーの違い

試　料

上新粉 190 g，白玉粉 60 g

器　具

ボール（中）5個，ボール（小），メスシリンダー（50 mL），はかり，温度計，蒸し器，鍋，タイマー，布巾（さらし）

実験方法

❶　ボール（中）A〜Eに**表1-4**の通り，材料（上新粉，白玉粉）を測り入れる。

❷　ボールA，B，Dには熱湯（80℃）50 mLを，ボールCとEには水（25℃）50 mLを入れ，混ぜて全体がまとまる程度にこねる。

❸　それぞれの生地の中心部の温度を測り，状態を観察する。

❹　生地A〜Dを厚さ1.5 cmの楕円形にし，かたく絞ったぬれ布巾に包んで蒸し器に入れて15分間蒸す。

❺　生地Eは生地の重量を測定した後，団子状（直径25 mm，厚さ10 mm）に丸め，沸騰水で2〜3分ゆでる。

❻　蒸し（ゆで）上がったら，生地の状態（硬さ，弾力）を観察する。

❼　熱いうちに手水をつけながらAは50回，B〜Dは100回こねる。

❽　生地の重量を測定した後，団子状（直径25 mm，厚さ10 mm）に丸める。

❾　できあがりについて，外観，内部を観察し，硬さ，弾力性，食味（口ざわり）を評価する。

❿　レオメーターがあれば，硬さ，付着性などのテクスチャー特性を測定する。

＜測定条件＞
直径40 mm円柱型のプランジャーを使用し，圧縮歪率60%，測定速度1 mm/secで測定する。

§1-4 米粉の吸水

結 果 結果を表にまとめよう！

表1-4 米粉の配合やこね回数の異なる団子の特性

	試料		A	B	C	D	E
材料	上新粉	(g)	50	50	50	40	−
	白玉粉	(g)	−	−	−	10	50
	熱湯	(mL)	50	50	−	50	−
	水	(mL)	−	−	50	−	50
蒸す(ゆでる)前	生地の温度	(℃)					
	生地の状態(硬さ, 弾力)						
蒸し(ゆで)後	生地の状態(硬さ, 弾力)						
蒸した後のこね回数		(回)	50	100	100	100	−
生地の重量		(g)					
こねた後の団子	外観(つや)						
	内部(色)						
	硬さ						
	弾力性						
	食味(口ざわり)						
テクスチャー特性	硬さ						
	付着性						

~~~ **Cookery Science** ~~~

　近年，国産米の消費拡大のために，米粉の利用が盛んになっている。もともと団子や餅などの和菓子への利用が主体であったが，製粉技術の発展により米を微細に加工できるようになり，米粉パンや米粉麺，洋菓子などにも広く利用されるようになっている。米粉の種類は，生米を使用するβ型と加熱してから粉にするα型に大きく分類され，それぞれうるち米ともち米を使用したものがある（図1-5）。上新粉も白玉粉も生米で作られている。上新粉を水でこねた場合，熱湯でこねたときより生地が軟らかく感じられる。これは，水でこねた生地の水は自由水として存在するのに対し，熱湯でこねるとでんぷんの一部がα化し水がでんぷんに吸着されるからである。米粉は小麦粉と異なりグルテンを含まないため，小麦アレルギー患者にとって有用な素材である。

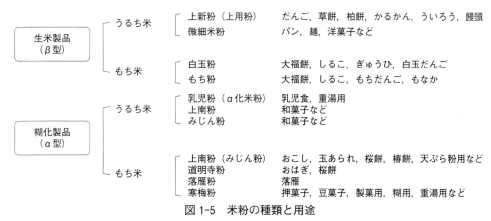

図1-5 米粉の種類と用途

2. 小麦粉に関する実験

2-1 ▎小麦粉の性質（粘弾性）

目的

　小麦粉の種類によるグルテン量と質の違いを把握する。また，小麦粉生地のこね方とねかし操作が小麦粉生地の性状に及ぼす影響を知る。

　　理解のポイント！
　　1．小麦粉の種類によるグルテン量の違い
　　2．小麦粉生地の特徴と適切な用途

---

(1) 小麦粉の種類とグルテン量

試料

　薄力粉 25 g，強力粉 25 g

器具

　ガラス棒，メスシリンダー（50 mL），ボール（小）2個，ボール（大）1個，ろ紙，ラップフィルム，はかり，オーブン

実験方法

❶　薄力粉および強力粉を 25 g ずつ別々のボール（小）に入れ，薄力粉には水 13 mL，強力粉には16 mL（薄力粉と同程度の硬さに水量で調節する）を少しずつ加えて，混ぜながら生地をまとめる。さらに 30 回こねた後，ラップフィルムに包んで 20 分間ねかせる。

❷　ボール（大）に水を入れ，❶の生地を手で静かにこねながら水中にでんぷんを洗い出す。白い水が出なくなるまで，ときどき水を取り替えながらもみ洗いする。手に残った塊はグルテンである。グルテンが水中に散らないように注意する。

❸　グルテン（湿麩）は，手のひらで押しながら水分を絞り出して，水気を取り除くようにする。これを丸めて，ろ紙にのせ，重量を測定する（湿麩量）。同時に，湿麩の状態（色，感触など）を観察する。

❹　❸の湿麩を 180℃のオーブンに入れ，ふくらみ具合を観察しながら乾燥させる（できるだけ恒量まで加熱する）。乾燥後の重量を測定し（乾麩量），膨化の状態を観察する。これを縦2等分し内部の状態を観察する。

結果　結果を表にまとめよう！

表 2-1　小麦粉の種類とグルテン採取量および膨化状態

	湿麩量（%）*	乾麩量（%）*	湿麩の状態	膨化の状態	内部の状態
薄力粉	g（　%）	g（　%）			
強力粉	g（　%）	g（　%）			

＊最初の小麦粉量に対する湿麩量（%）および乾麩量（%）

§2-1 小麦粉の性質（粘弾性）

(2) こね方とねかし操作の影響

試料

薄力粉 40 g, 強力粉 40 g

器具

ガラス棒，メスシリンダー（50 mL），まな板，定規（30 cm），ボール（小）2個，ラップフィルム，はかり

実験方法

❶ 薄力粉および強力粉を40 gずつ別々のボール（小）に入れ，薄力粉には水20 mL，強力粉には水24 mL（薄力粉と同程度の硬さ）を加えて，混ぜながらまとめ，生地の硬さ，両手で引っ張ったときの伸びの状態を観察する。

❷ ❶の薄力粉と強力粉の生地を各々60回ずつこねて，こねる前との硬さの違いを比較する。

❸ それぞれ2等分にして丸め，ひとつは❹の操作に移り，他のひとつはラップフィルムに包んで30分間ねかせておく（A：こねた直後の生地　B：30分間ねかせた生地）。

❹ まな板の上に定規を用意する。生地Aをまな板の上で，手で10 cm長さの棒状に押し伸ばし，2等分する。

❺ 2等分した5 cmの棒状生地の一方をさらに両手で10 cmの棒状に伸ばして2等分する。さらに，この2本をそれぞれ定規に沿わせて手で10 cmに伸ばしたのち，手を放す。このとき，自然に縮んだ長さを測定する（弾力性の測定とする）。

❻ ❹のもう一方の生地も❺と同じように10 cmの棒状に伸ばして2等分する。この2本を長さ5 cmの棒状に整え，定規に沿わせながら切れるまで引っ張る。切れたときの長さを測定する（伸展性の測定とする）。

❼ ❸の30分間ねかせた生地Bは，軽く（20回）こねた後に❹〜❻の操作を行い，弾力性と伸展性を調べる。

弾力性（%）＝生地の縮んだ長さ（cm）/10 cm（もとの生地の長さ）× 100

伸展性（%）＝切れるまでの生地の伸び（cm）/5 cm（もとの生地の長さ）× 100

結果 結果を表にまとめよう！

表2-2　小麦粉生地のこね方とねかし操作の影響

	ざっとこねたときの状態	60回こねた直後（A）			30分間ねかせたもの（B）		
		硬さ	弾力性（%）	伸展性（%）	硬さ	弾力性（%）	伸展性（%）
薄力粉							
強力粉							

~~~~ **Cookery Science** ~~~~

❶ 小麦粉はたんぱく質含量の違いにより，強力粉，中力粉，薄力粉などに分類される。

表2-3　小麦粉の分類

	たんぱく質含量（%）	湿麩量（%）	吸水率（%）
薄力粉	7.0〜8.5	約20	48〜50
中力粉	8.0〜10.0	約30	53〜55
強力粉	11.0〜13.5	約40	60〜64

❷ 小麦粉重量の50〜60%の水を加えて混捏すると，小麦粉中のたんぱく質のグリアジンとグルテニンが絡み合ってグルテンを形成し，粘弾性のある生地（ドウ）となる。小麦粉生地のグルテン形成は，混捏により促進し，ねかすことにより伸長抵抗が減少し，伸びやすくなる。

§2. 小麦粉に関する実験

2-2 小麦粉の膨化（スポンジケーキ）

目 的

　小麦粉の膨化調理にスポンジケーキがある。卵を泡立てたときに含有される気泡の熱膨張を利用して膨化させる。小麦粉生地の調製方法（卵の泡立て方法）や添加材料（バター）がスポンジケーキの性状に及ぼす影響について調べる。

　　理解のポイント！
　　1．スポンジケーキの性状に及ぼす卵の泡立て方法
　　2．添加材料（バター）の影響

試 料

　薄力粉 35 g × 4，卵（中）4 個，砂糖 35 g × 4，牛乳 7 mL × 2，バター 10 g × 2，サラダ油

器 具

　メスシリンダー（50 mL），ミニシャーレ，小型ケーキ型（径 12 cm）4 個，敷き紙，はかり，オーブン，ふるい，ボール 4 個，泡だて器，ゴムへら，ストップウォッチ，オーブン

実験方法

　準備：ケーキ型に薄く油を塗って紙を敷く。オーブンは 170℃の予備加熱をしておく。

　薄力粉 35 g はそれぞれ 2 度ふるいにかけておく。

　生地の比重測定では，あらかじめミニシャーレの重量を測定し，これに水を入れて重量を測定しておく。

[1] 別立て法

❶　卵 1 個を卵白と卵黄に分ける。卵白 30 g をボールに入れて十分に泡立てた後（泡の先がまっすぐに立つくらい），砂糖 35 g を加えてさらに泡立てる。卵黄 15 g と牛乳 7 mL を卵白泡に加え，さらに十分に泡立てる。泡立て時間をストップウォッチで測定する。

❷　小麦粉 35 g を❶に加え，生地が均質になるまで，軽く切るように混ぜ合わせる。

❸　生地比重を測定する。生地の一部をミニシャーレにとり，ナイフですり切って重量を測定し，次式より求める。

$$生地比重＝試料の重量／ミニシャーレを満たす水の重量$$

❹　残りの生地をケーキ型に流し，比重を測定した生地も一緒に加えて表面を平らにし，オーブンで 170℃，約 20 分間焼成する（[2]，[3]に記載の共立て法，バター添加の生地も同時に焼成する）。中央に竹ぐしをさして焼き具合を確認する。

❺　ケーキを型から出して紙をはがし，金網の上で冷まし，2 つに切断する。

❻　切断したひとつは，菜種法（p.20-21 参照）により体積を測定し膨化率を測定する。切断面のコピー撮影により内部の状態を記録する。他のひとつは，色，風味，食感（口ざわり）を比較する。

$$膨化率＝（ケーキの体積／ケーキの生地の重量）× 100$$

36

§2-2 小麦粉の膨化（スポンジケーキ）

2 共立て法
① 全卵 45 g と牛乳 7 mL をボールに入れ，40℃の微温湯中で泡立てる。ある程度泡立ったところで砂糖 35 g を 2 度に分けて加え，十分に泡立てる。泡立て器から落ちた泡が形を保つくらいの状態になるまでの，泡立て時間をストップウォッチで測定する。
② 小麦粉 35 g を①に入れて，均質になるまで切るように混ぜ合わせる。
③ 生地の比重を測定した後，ケーキ型に流して別立て法と同じ条件で焼く。
④ 膨化率を測定し，内部の状態を記録する。色，風味，食感（口ざわり）を比較する。

3 バターの添加
① 共立て法と同じ方法で，全卵 45 g と砂糖 35 g を 40℃の微温湯中で十分に泡立てた後，小麦粉 35 g を加えて軽く混ぜ，30℃にしたバター 10 g を加えて，均質になるように軽く混ぜ合わせる。
② ①と同様の方法で生地を調製し，バター 10 g を湯煎加熱し 90℃にして加え，均質に混ぜる。
③ 前述の方法に準じて，①と②の生地比重をそれぞれ測定した後，焼成する。
④ 膨化率を測定し，内部の状態を記録する。色，風味，食感（口ざわり）を比較する。

結 果 結果を表にまとめよう！

表 2-4 スポンジケーキの泡立て方法とバター添加の影響

	別立て法	共立て法	バター添加	
			30℃	90℃
泡立て時間（秒）				
生地比重（−）				
膨化率（％）				
表皮の色				
内部の色				
風味				
きめの細かさ				
口ざわり				

Cookery Science

① スポンジケーキは小麦粉，卵，砂糖の同量配合が基本である。小麦粉はケーキの構造を形成する基礎材料であるが，多すぎるとスポンジ組織が硬くなる。小麦粉を基準にして，それより砂糖，卵を多く配合するとバッター（生地）の密度が小さくなり，焼きあがったケーキは空気量が多く，軟らかくなる。
② 別立て法は卵白の泡立ちが容易であるが，卵黄の乳化性が生かされにくく，ケーキは老化しやすい。共立て法は泡立てに時間を要するが，卵黄の乳化性と泡の安定性により軟らかいケーキに仕上がる。
③ バターを添加すると膨化率は低下するが，きめの細かいしっとりとした口ざわりのケーキとなる。油脂の保湿効果により生地の乾燥は遅く，風味も保持しやすい。添加時のバターの温度が品質に影響する。
④ 砂糖はグルテン形成を抑制する。砂糖は親水性が強いため，グルテン形成に必要な水分を奪うためである。

3. でんぷんに関する実験

3-1 でんぷんの種類による加熱ゲルの性状の違い

目 的

でんぷんは原料の種類によって加熱糊化したとき（ゾル）の温度が異なる．また，冷やしたとき（ゲル）の透明度，物性などに違いがある．そのため，でんぷんの種類により調理性が異なる．そこで，この実験では，でんぷんの種類によるゲル特性を理解する．

理解のポイント！

1．でんぷんの種類による糊化の状態の違い

2．でんぷんの種類によるゲルの透明度や物性の違い

3．調理への適性

試 料

くず粉（くずでんぷん）40 g，片栗粉（じゃがいもでんぷん）40 g，コーンスターチ（とうもろこしでんぷん）40 g，砂糖 30 g × 3

器 具

はかり（小数点第 2 位まで測定できるものが望ましい），薬さじ，メスシリンダー，片手鍋 3 個，へら，温度計，タイマー，流し缶（17 × 13.5 × 4.5 cm），大バット，氷，まな板，包丁，レオメーター（テクスチュロメーター）

実験方法

❶ 鍋に A くず粉，B 片栗粉，C コーンスターチをそれぞれ 40 g はかり，別々の片手鍋に入れる．各鍋に蒸留水 360 mL を少しずつ加えて溶きのばし，最後に砂糖 30 g を加えて加熱する（加熱開始と同時にタイマーでカウントを始める）．

❷ へらで混ぜながら粘度が出始めたら（抵抗を感じたら），その時点のタイマーの時間と温度を記録し，その時点から 3 分間加熱しながら撹拌を続ける（十分に糊化させる）．加熱を終えたら重量を測定し，仕上がり重量が 400 g になるように蒸留水を加え，蒸発率の調整を行う．

❸ あらかじめ水で濡らした流し缶に❷を流し，氷水中で冷却したあと，室温にする．

❹ 固まったらまな板にだし，包丁で四等分する．1 片はレオメーターで破断特性（破断応力，破断エネルギー）を測定する．

❺ 残りの 3 片について，透明度，硬さ，口当たりを評点法（p.114 参照），総合評価は順位法（p.112 参照）により評価する．

<測定条件>
プランジャー：L30 + No.49（くさび形）
スピード：1 mm/sec
回数：1 回
クリアランス：1 mm

❻ 官能評価の総合評価結果は Newell & MacFarlane の順位合計の検定で解析する．

§3-1 でんぷんの種類による加熱ゲルの性状の違い

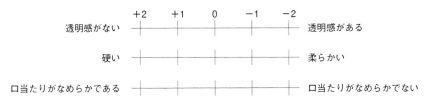

図3-1 でんぷんゲルの官能評価尺度

結 果 結果を表にまとめよう！

表3-1 でんぷんゲルの性状と官能評価

	でんぷんの種類	Aくず粉	B片栗粉	Cコーンスターチ
糊化特性	粘りが出始めた時間（分）			
	粘りが出始めた温度（℃）			
破断強度解析	破断応力（Pa）			
	破断エネルギー（J/m^3）			
官能評価	透明感（尺度法）			
	硬さ（尺度法）			
	口当たり（尺度法）			
	総合評価（順位法）			

官能評価から検定しよう！

表3-2 Newell & MacFarlane の順位合計の検定

パネル	Aくず粉ゲル	B片栗粉ゲル	Cコーンスターチゲル
順位合計(Ti)			

官能評価結果を解析しよう！

順位合計はそれぞれ A =（　　），B =（　　），C =（　　）である。
試料間の順位合計の差を求める。
｜A − B｜=（　　），｜A − C｜=（　　），｜B − C｜=（　　）
検定表（p.142）から試料3パネル数（　　）では（　　）以上のとき有意差あり（5%危険率）と判定される。
試料（　　）と試料（　　）の二者間には5%危険率で嗜好差があると判定する。

~~~~ **Cookery Science** ~~~~

　でんぷんには米，小麦，とうもろこしなどを原料とした種実でんぷん（地上でんぷん）とじゃがいも，さつまいも，くずなどを原料とした根茎でんぷん（地下でんぷん）とがある。高濃度でんぷんの調理性には，くず汁や溜菜（あんかけ）のようにとろみをつける粘性，ブラマンジェやごま豆腐のようなゲル化性などがあり，それぞれに適したでんぷんを選ぶ必要がある。じゃがいもでんぷんは糊液の粘度が高く透明なゲルを形成するが，とうもろこしでんぷんはゲル強度が高く，不透明なゲルとなる。

§ 3. でんぷんに関する実験

3-2 でんぷん汁と湯の温度降下の比較

目的

調理の際，汁物のとろみつけにでんぷんを加えることがある。そこで，この実験では，でんぷん汁と湯との温度降下速度を比較し，低濃度でんぷん調理の効果を理解する。

理解のポイント！
1. でんぷん汁と湯の温度降下速度の違い
2. でんぷん汁と湯の口当たりの違い
3. でんぷん汁の調理における意義

試料

片栗粉 4 g，砂糖 40 g × 2

器具

ビーカー（500 mL）2 個，はかり（またはメスシリンダー），薬さじ，ガラス棒，温度計，ストップウォッチ，スプーン，ガスバーナー（またはコンロ，ラジエントヒーター）

実験方法

❶ 500 mL のビーカーに砂糖 40 g，水 400 g（または 400 mL）を計量して加える（A：湯を調製）。

❷ 500 mL のビーカーに砂糖 40 g と片栗粉 4 g，水 400 g（または 400 mL）を計量して加える（B：でんぷん溶液を調製）。

❸ ❶と❷を加熱し，90℃になるまで，攪拌しながら加熱する。

❹ 90℃になったら火から下ろし，ストップウォッチでカウントし始める（0 分，90℃）。時間ごとに温度を読み取る。

❺ 40 分まで観察したら，A と B の温度を同じにするため再度 60℃まで温める。

❻ A と B をスプーンで少量とり，官能評価で違いを比較する。

結果　結果を表にまとめよう！

表 3-3　温度降下の測定

経過時間（分）		0	2	4	6	8	10
A：湯	温度（℃）	90					
	0 分との差（℃）	0					
B：でんぷん溶液	温度（℃）	90					
	0 分との差（℃）	0					

経過時間（分）		15	20	25	30	40
A：湯	温度（℃）					
	0 分との差（℃）					
B：でんぷん溶液	温度（℃）					
	0 分との差（℃）					

40

§3-2 でんぷん汁と湯の温度降下の比較

結果からグラフを作成しよう！

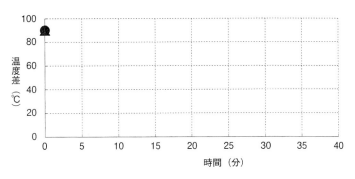

図3-2 でんぷん溶液と湯の温度変化

AとBの違いを比較しよう！

表3-4 でんぷん溶液の特徴

	口当たりや甘味の違い	調理における意義
A：湯（60℃）		
B：でんぷん溶液（60℃）		

~~~ Cookery Science ~~~

1〜3％の低濃度でんぷんの調理性はでんぷんを加えることによりとろみがつき、①とろみによって滞留が起こりにくくなるため、汁の温度降下が遅れる（保温効果）。②なかに入れた具材が均一に分布する。③口触りがよくなることにより、味に丸みが出て濃厚感が出るなどの効果がある。汁物の温度降下を図3-3に、低濃度でんぷんを用いる調理を表3-4に示す。

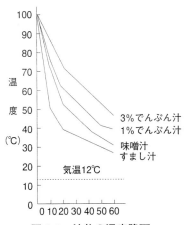

図3-3 汁物の温度降下
資料：山崎清子・島田キミエ・渋川祥子・下村道子・市川朝子・杉山久仁子『NEW 調理と理論』同文書院, 2011, p.192

表3-4 でんぷんを薄い濃度で用いる調理

料理の種類	濃度（％）	でんぷんの種類	調理例	注意事項
飲み物	5〜8	くず, 片栗粉	くず湯	用いる調味料によって，濃度を加減する
くずあん	3〜6	片栗粉	あんかけ	
溜菜	3〜5	片栗粉	八宝菜, 酢豚	
汁物	1〜1.5	片栗粉	かきたま汁	
	2	片栗粉	のっぺい汁	

資料：山崎清子・島田キミエ・渋川祥子・下村道子・市川朝子・杉山久仁子『NEW 調理と理論』同文書院, 2011, p.192

4. 卵に関する実験

4-1 卵の鮮度

目的

卵は日にちを経るにしたがって鮮度は低下し，それは卵料理のできあがりに影響する。冷蔵庫保存による卵の鮮度維持について確認する。

> 理解のポイント！
> 1. 鮮度と卵の変化とその要因

試料

・産卵直後の卵，または市販卵でできるだけ賞味期限が新しい卵（新鮮卵）を8個
・新鮮卵4個を25℃で1週間保存し鮮度を低下させて保存卵とする。

鮮度による卵質の違い

器具

ガラス板（または平らな金属板など），三角定規，ノギス，穴じゃくし，ボール，ビーカー（200 mL），pHメーターまたはpH試験紙，ゴムべら

実験方法

1 卵白係数

❶ 新鮮卵，保存卵をそれぞれ1個ずつ水平なガラス板に割卵する。

❷ 濃厚卵白の高さを図4-1のように三角定規をあてて高さを測定する（ノギスを用いると正確に測定できる）。

❸ 濃厚卵白の長径（wd_1）と短径（wd_2）を定規またはノギスで測定し，その平均値（$wd_1 + wd_2$）/2 を求める。

以下の式から卵白係数を求める。

$$卵白係数 = \frac{濃厚卵白の高さ（wh）}{濃厚卵白の直径（wd_1 + wd_2）/2}$$

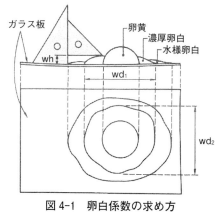

図4-1 卵白係数の求め方

2 卵黄係数

❶ 1の濃厚卵白の高さ，直径を測定したときと同様の方法で，卵黄の高さ（yh），卵黄の直径（yd）を測定する。

$$卵黄係数 = \frac{卵黄の高さ（yh）}{卵黄の直径（yd）}$$

§ 4-1 卵の鮮度

3 卵白のpH
① 卵白係数および卵黄係数を測定した後、卵黄を崩さないようにして卵白をゴムべらでビーカーに採取する。
② ①で採取したそれぞれの卵白のpHをpHメーターで測定する。

4 濃厚卵白率
① 新たに新鮮卵と保存卵各1個について、割卵後、あらかじめ重量を測定しておいたボールに卵白のみを入れ重量を測定し、ボールの重さを差し引き、全卵白重量（Tg）を求める。
② 穴じゃくしを用いて濃厚卵白と水様卵白とに分離する。すなわち重量を測定してあるボールの上に穴じゃくしをもち、その中に卵白を入れ、1分間に穴じゃくしを通過した水様卵白をボールに受け、水様卵白の重量（Sg）を求める。全卵白重量から水様卵白の重量を差し引いて、濃厚卵白の重量（Tg－Sg）を求め、全卵白重量に対する濃厚卵白重量の割合を求め、濃厚卵白率とする。

[結果] 結果を表にまとめよう！

表4-1 卵質の評価

試料	卵白係数	卵黄係数	卵白のpH	濃厚卵白率
新鮮卵				
保存卵				

[備考]
1. 新鮮卵の卵白係数は0.14～0.17くらいである。
2. 新鮮卵の場合の卵黄係数は0.36～0.44で、鮮度が低い卵の卵黄係数は0.25くらいに低下する。
3. 新鮮卵の卵白のpHは8前後で、鮮度が低下するとpH9.5くらいになる。
4. 新鮮卵の濃厚卵白率は68％くらいであるが、鮮度が低下するとこの割合は低下する。

~~~ Cookery Science ~~~

産卵直後の卵の内部の二酸化炭素濃度は空気中の濃度より高いため、卵殻膜から卵殻の気孔を通り空気中に二酸化炭素が放出し、卵白のpHがアルカリ側になる。

鮮度が悪くなると卵殻膜の構造が崩れ、卵の内外の気体（二酸化炭素、空気、水蒸気など）の出入りがいっそう起こりやすくなり、卵白や卵黄の成分に影響を及ぼす。

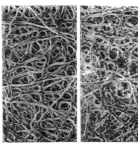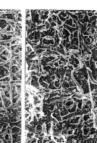

新鮮卵　　冷蔵庫で1カ月保存した卵　37℃で1カ月保存した卵

10 μn

図4-2 ウズラ卵殻膜の走査電子顕微鏡像
（×1.00）

資料：田名部尚子・小川宣子「ウズラ卵殻膜の走査電子顕微鏡像」『岐阜女子大学紀要』第15号，1986，pp.15-20

§4. 卵に関する実験

4-2 砂糖添加が卵の起泡性と安定性に及ぼす影響

目 的

卵白の泡立てには砂糖の添加と砂糖を添加するタイミングが影響することについて理解し，泡の安定性を離漿およびエンゼルケーキのふくらみ具合から確認する。

理解のポイント！
1. 砂糖の添加と卵白の起泡性の関係
2. 砂糖を添加するタイミングと卵白の起泡性の関係

試 料

産卵直後の卵 6 個，グラニュー糖 80 g，小麦粉 60 g

器 具

ボール 3 個，電動式泡立て器，プリンカップ 3 個，計量スプーン（15 mL）3 本，軍手，ろ紙，オーブン，一般調理用具

実験方法

❶ 卵白への砂糖の添加を異なる 3 つの方法（A，B，C）で行い，泡の状態を比較する。

　A. 砂糖を 2 回に分けて添加：卵白 60 g を電動式泡立て器の 250 rpm（電動式泡立て器でもっとも遅い攪拌速度）で 30 秒間泡立てた後，グラニュー糖 20 g を加え，さらに 30 秒間泡立てる。ここへ残りのグラニュー糖 20 g を入れ，再び 250 rpm で 30 秒間攪拌する。

　B. 砂糖を一度に添加：卵白 60 g にグラニュー糖 40 g を一度に入れ，電動式泡立て器の 250 rpm で 1 分 30 秒間泡立てる。

　C. 砂糖を無添加：卵白 60 g を電動式泡立て器の 250 rpm で 1 分 30 秒間泡立てる。

❷ 15 mL の計量スプーンで A，B，C の泡をすくいとり，すり切りにする。この泡をそれぞれ別の小皿に移す。このとき，泡をつぶさず，計量スプーンの形のまま抜き出す。蒸発を防ぐためにラップフィルムをする。

❸ A，B，C の 3 種類の泡から出てきた液体（離漿）を 60 分後，あらかじめ重量を測っておいたろ紙に吸収させ，その重量増加分を離漿量とし，泡沫の安定性を比較する。すなわち，離漿量が少ないほど安定な泡沫を形成しているといえる。

❹ ❶で調製した泡 A，B，C の残りに小麦粉をそれぞれ 20 g ずつ加え，250 rpm で 5 秒間攪拌する。

❺ ❹をプリンカップにいっぱいになるように入れ，余分なものは計量スプーンの柄ですり切りにする。その後，空気を抜くために 1〜2 cm の高さからプリンカップを 5 回落下させる。

❻ ❹の生地をオーブンで 150℃ 20 分間焙焼する。

❼ 焙焼後，さかさまにして冷めるまで室温に放冷し，型から取り出し，エンゼルケーキのふくらみ具合を菜種法（p.20-21 参照），凝集性をテクスチュロメーターにより測定し，きめの観察を行う。

エンゼルケーキの凝集性の測定

エンゼルケーキの中央部から縦・横・高さを正確に2 cm×2 cm×1 cmに切った試料を以下の条件で2回プランジャーを上下させ，測定し，求める。

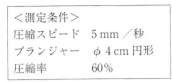

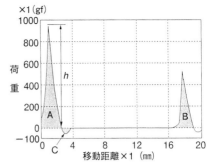

図 4-3　テクスチャー曲線

【機器によって凝集性の値が出力しない場合】

得られたテクスチャー曲線の第一ピーク（A）と第二ピーク（B）を切り取り，それぞれの重さを測定し，第一ピーク（A）に対する第二ピーク（B）の割合から求める。

凝集性の値が大きいほど，しっかりとした組織であることを示している（§18．測定機器 p.123 参照）。

結 果　結果を表にまとめよう！

表 4-2　卵白の起泡性

砂糖の添加条件	状　態	卵白の泡 離漿量（g）	エンゼルケーキ 膨張容積（mL）	凝集性	きめ
A：砂糖を2回に分けて添加					
B：砂糖を一度に添加					
C：砂糖無添加					

Cookery Science

ふんわりしたスポンジケーキを作るコツは，卵の泡立ちがよく，安定していることにある。卵の泡立ちには，砂糖や卵の鮮度がかかわる。

1. 砂糖
   ❶ 砂糖の役割：砂糖は水分子をひきつけておく（水分を保持する）親水性であるため，卵白からの水分が離漿しにくく，安定した泡を形成することができる。砂糖の親水性は，でんぷんの老化抑制，酸化防止，乾燥防止などとも関係する。
   ❷ 砂糖を入れるタイミング：砂糖は卵の泡立ちを妨げるので，泡立てるときは砂糖は，最初から入れるのではなく，ある程度卵白が泡立ってから入れるようにすると，卵白が泡立ちやすい。

2. 卵の鮮度
   卵は鮮度が悪くなると濃厚卵白が水様卵白に変化するが，濃厚卵白は粘りがあるために泡立てるのに時間がかかるが，安定した泡である。一方，水様卵白は泡立てやすいが，水が分離しやすく，安定した泡ではない。したがって，ふんわりしたスポンジケーキを作るには，鮮度がよい卵を用いて，電動式のハンドミキサーで泡立てるのがよい。

§4. 卵に関する実験

4-3 希釈卵液の熱凝固性

目 的
調味料が希釈卵液の熱凝固性に影響することについて知り，さらには加熱する際の火力（温度上昇）が卵料理に及ぼす影響について，できあがった卵料理の硬さから知る。

理解のポイント！
1．調味料（食塩，砂糖，牛乳，だし汁）の添加と卵の熱凝固性の関係
2．火力（温度上昇）と卵の熱凝固性の関係

---

(1) 調味料が卵の熱凝固性に及ぼす影響

試 料
卵3個（鮮度のよいもの），だし汁（かつお節2%）120 mL，食塩0.9 g，牛乳80 mL，砂糖9 g

器 具
メスシリンダー（50 mL），ボール，裏ごし器，プディング型6個，アルミ箔，皿，ラップフィルム，蒸し器，一般調理用具

実験方法

❶ ボールに卵を割り，卵を箸ですくうように50回攪拌する。これを裏ごし器または金網ざるに2回通す。

❷ 表4-3の材料配合表にしたがってAからFの卵液を用意し，よく混ぜ合わせ，プディング型に入れ，アルミ箔でふたをする。

表4-3 材料の配合割合 （g）

	A	B	C	D	E	F
卵	20	20	20	20	20	20
水	40					
だし汁		40	39.7	39.4		
牛乳					40	40
食塩			0.3	0.6		
砂糖						9

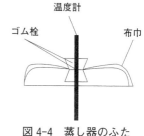

図4-4 蒸し器のふた

❸ 蒸し器のふたを図4-4のように加工して温度計を蒸し器の高さの中央にくるように差し込む。蒸し器に水を入れて加熱し，内部温度が85℃になったらA〜Fのプディング型を蒸し器に入れ，85℃〜90℃で15分間加熱する。

❹ A〜Fのプディング型を水中で冷やし，冷めたら卵ゲル型から出して，卵ゲルの硬さをテクスチュロメーターで以下の測定条件にて測定し，調味料が卵の熱凝固性に及ぼす影響について考える。

ゲルの測定条件

卵ゲルから縦・横・高さを正確に2 cm×2 cm×1 cmに切った試料を圧縮スピード5 mm／秒，φ4 cmの円形プランジャーを使用し，圧縮率60%で硬さを測定する（§18．測定機器 p.123参照）。1) だし汁の影響…AとBの比較を行う。2) 食塩の影響……B，C，Dの比較を行う。3) 牛乳の影響……AとEの比較を行う。4) 砂糖の影響……EとFの比較を行う。

§4-3 希釈卵液の熱凝固性

結果 結果を表にまとめよう！

表4-4 希釈液および調味料が異なる卵液の凝固状態

試料	外観	硬さ	味	分離液の有無
A：水				
B：だし汁				
C：だし汁＋食塩（0.5%）				
D：だし汁＋食塩（1.1%）				
E：牛乳				
F：牛乳＋砂糖				

(2) 火力が卵の熱凝固性—厚焼き卵—に及ぼす影響

試料

A：卵2個，味付け（だし汁30 mL，砂糖7 g，塩0.5 g，しょうゆ0.5 g），サラダ油5 mL

Aをもう一組準備する。

器具

卵焼き器，ペーパータオル

実験方法

1 中火で加熱した場合

❶ ボールに卵液を100g入れ，味付けを行う。

❷ 卵焼き器を熱してサラダ油を入れ，熱くなったら火からおろし，表面をペーパータオルで拭き，油をなじませる。

❸ 再び卵焼き器を中火にかけ，❶の半量を流しいれる。表面が半熟状になったら，向こう側から手前に2〜3回折るようにして巻く。

❹ 向こう側のあいたところに油（分量外）をたしてなじませ，巻いた卵を向こう側へ移す。

❺ 手前のあいたところにも油（分量外）をたしてなじませ，残りの卵液を流し入れ，表面が乾いてきたら，向こう側に寄せてあった卵を軸にして，巻き付けるように手前に巻く。

2 弱火で加熱した場合

❶ 1–❶と同様

❷ 卵焼き器にサラダ油を入れ，そこに❶の半量をいれ，弱火で加熱をする。これ以降は1と同様であるが，弱火での加熱を継続し，調理する。

1および2の方法で加熱した厚焼き卵を（1）の卵ゲルと同様の方法で硬さの測定を行う。

結果 結果を表にまとめよう！

表4-5 火力が厚焼き卵の硬さに及ぼす影響

火力	硬さ
中火	
弱火	

～～～ Cookery Science ～～～～～～～～～～～～～～～～～～～～～～～～～～～～～～～

食感のよい厚焼き卵を作るには，濃厚卵白の存在が重要であり，できるだけ濃厚卵白の構造を維持する必要がある。そのためには卵黄と卵白を混ぜるときには，攪拌するのではなく，卵白を箸できるようにまぜることと，調味料を一気に加えることで攪拌回数を少なくすることが調理のコツである。これは「匠の技」として料亭でも受け継がれている。

また，焦げるのを恐れて，弱火で加熱を続けると，卵のたんぱく質がゆっくりと集まりながら凝固していくため，きめが粗く，硬い厚焼き卵になる。

攪拌回数が増えるほど弾力がある濃厚卵白の構造が崩れ，加熱によりたんぱく質の凝集体は巨大になり，硬い厚焼き卵になる。攪拌は濃厚卵白を切るように調味料と混ぜ合わせながら行う。

47

§4. 卵に関する実験

4-4 ▌加熱による卵白の消化性の変化

目 的

　加熱調理操作の主目的は，一般的には，安全な状態で，おいしく食べることにあるが，多くの場合，消化吸収率も高まる。この実験では，たんぱく質が主成分である卵白について，たんぱく質分解酵素で分解後のアミノ酸量をホルモール滴定にて求め，加熱による消化性の変化を理解する。

　　理解のポイント！
　　　1．加熱時間による卵黄，卵白の凝固性の違い
　　　2．卵白たんぱく質の加熱凝固程度と消化性の関係

試 料

　鶏卵2個

試 薬

　0.1 mol/L リン酸緩衝液(pH 8.0)，5％パンクレアチン懸濁液，20％ホルマリン溶液（中性），1％フェノールフタレイン指示薬，0.05 mol/L 水酸化ナトリウム溶液

器 具

　はかり（小数点第2位まで測定できるものが望ましい），包丁，まな板，乳鉢・乳棒，メスシリンダー（50 mL），コニカルビーカー(200 mL)，メスピペット（5 mL），恒温水槽（37℃），一般実験器具

実験方法　卵の凝固状態と消化性－卵白たんぱく質の人工消化

❶　あらかじめ準備したゆで卵（沸騰下10分加熱）から卵白5gを切り出し（卵黄が混ざらないように），包丁を使って粗いみじん切りにする。生卵（加熱0分）はセパレーターで卵白を取分け，駒込ピペットを使ってビーカーに5g測りとる。各卵につき，卵白5gを2個ずつ採取する。

❷　❶で準備したゆで卵の卵白5gを乳鉢に移し，リン酸緩衝液20 mLを加えて，よくすりつぶし，コニカルビーカーに移す。生卵の卵白はリン酸緩衝液となじませ，コニカルビーカーに移す（各卵につき，卵白の磨砕液の入ったコニカルビーカーが2個できる）。

❸　水50 mLを2回に分けて乳鉢を洗浄し，それぞれの磨砕液を入れたコニカルビーカーに加える。

❹　各卵について，一方のコニカルビーカーを，37℃の恒温水槽中で約10分間保温後，パンクレアチン液5 mLを加えて静かに混ぜる。さらに37℃で1時間保温して人工消化を行う*。

❺　人工消化終了後ただちにフェノールフタレイン指示薬をピペットで2〜3滴加える。コニカルビーカーを軽く混ぜながらビュレットに入れた水酸化ナトリウム溶液を，液が淡赤色になるまで滴下する。

❻　ホルマリン溶液5 mL加え，再び水酸化ナトリウム溶液を，液が淡赤色になるまで滴下する。このとき，滴下した水酸化ナトリウム溶液量をA mLとする。

❼　各卵，もう一方のコニカルビーカーに，水5 mLを加えて静かに混ぜる。❺〜❻と同様に操作する。ただし，ホルマリン溶液添加後の水酸化ナトリウムの滴下量をB mLとする。

❽　（A － B）mLをもって卵白の消化値とする。

*時間がない場合は，45分程度に短縮する。

48

§ 4-4 加熱による卵白の消化性の変化

> **ホルモール滴定の原理**：アミノ酸はアミノ基（-NH₂）とカルボキシル基（-COOH）とが分子内で中和して中性状態にある。これにホルマリンを加えると，アミノ基が反応して安定なメチレン化合物（シッフ塩基　-NCH₂）を形成する。こうして，アミノ酸が塩基性を失うため，アミノ酸を「酸」として中和滴定することによって，溶液中のアミノ酸量を求めることができる。
>
> $$\underset{\text{アミノ酸}}{R-\underset{\underset{NH_2}{|}}{CH}-COOH} + \underset{\text{ホルマリン}}{H\cdot CHO} + OH^- \rightarrow R\cdot\underset{\underset{N=CH_2}{|}}{CH}\cdot COO^- + 2H_2O$$
>
> シッフ塩基

［結果］ 結果を表にまとめよう！

卵の凝固状態と消化性－卵白たんぱく質の人工消化

表 4-6　卵白の凝固状態が消化性におよぼす影響

加熱時間（分）	0	10
滴定量 A mL		
滴定量 B mL		
消化値（mL）		

［考察］ 結果から考えてみよう！

　加熱時間による卵黄と卵白の凝固状態に違いが生じた理由を考えてみよう。

　卵の凝固状態が異なると，どうして消化性に違いが生じるのか考えてみよう。

Cookery Science

　パンクレアチンは，すい臓から分泌されるα-アミラーゼ，リパーゼ，トリプシン，キモトリプシン，リボヌクレアーゼなど多種類の酵素の混合物であるが，ここでは，たんぱく質分解酵素として，卵白たんぱく質の消化実験に用いた。

　加熱調理を行うと，多くのたんぱく質は，加熱変性し，それまで立体構造を形成していた三次構造，二次構造が緩むことで，分子がほぐれ，分子内に埋もれていたアミノ酸残基が露出する。そのため，一般的には，消化酵素のプロテアーゼの作用を受けやすくなる。

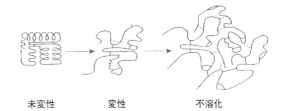

未変性　　　変性　　　不溶化

図 4-5　たんぱく質の変性

資料：渋川祥子・杉山久仁子『新訂調理科学－その理論と実際』同文書院，2005，p.90，図 3-38

5. 肉に関する実験

5-1 加熱によるすね肉の硬さとスープの味

目 的

　筋肉を包む膜や腱など結合組織を多く含むすね肉などの硬い肉は，シチューのように長時間煮込むと，肉質が軟らかくなり，そのスープには肉のうま味などの呈味物質が溶出する。この実験では，加熱時間によるすね肉の硬さとそのスープの風味の変化を理解する。

　理解のポイント！
　1．加熱による肉のテクスチャー（硬さ，ほぐれやすさ，弾力）の変化
　2．加熱によるスープの風味の変化

試 料

　牛すね肉 150 g，たまねぎ 30 g，にんじん 20 g，セロリー 10 g，食塩 4 g

器 具

　鍋*，はかり（小数点第 2 位まで測定できるものが望ましい），一般調理器具

*深めの小鍋。800～1,000 mL 入るもの。鍋の口径が大きいと過度に蒸発して，加熱中に肉が液面
　から出てしまうので，気をつける。

実験方法

❶　牛すね肉を約 2 cm 角に切ったものを 5 切れ用意する（試料用）。残りの牛すね肉も同じくらいの大きさに切る。

❷　野菜は 2～3 cm 角に切っておく。

❸　深めの小鍋に，試料用の肉 1 切れを残して，準備した肉をすべて入れる。

❹　鍋に水 700 mL と食塩 2.5 g（できあがり 500 mL の 0.5%）を入れ，火にかける。鍋のふたはしない。

❺　沸騰したら火を弱め，浮いてきたあくをすくう。

❻　加熱開始後，15，30，60，90 分の時点で，試料用の肉を 1 切れずつ取り出す（取り出した肉には，ラップをかけて乾燥を防ぐ）。また，加熱 30 分後には，スープ 50 mL を採っておく。

❼　野菜は，加熱 60 分後に加える。

❽　加熱が終了（90 分加熱後）したら，スープをこしとり，全量 500 mL になるように水を加える。混ぜて均一にしてから，50 mL をとる。

❾　生肉とそれぞれの加熱時間に採取した肉の硬さ，ほぐれやすさ，弾力を比較する（ただし，生肉を触った手や器具で直接加熱した肉を触らないこと）。加熱した肉は，食べてみてうま味を比較する。

❿　❻と❽で採ったスープを味わって，うま味と香りを比較する。

§5-1 加熱によるすね肉の硬さとスープの味

結果 結果を表にまとめよう！

表 5-1 加熱によるすね肉のテクスチャーとうま味の変化

加熱時間（分）	肉の硬さ	ほぐれやすさ	弾力	うま味
0				
15				
30				
60				
90				

表 5-2 加熱時間によるスープの風味の違い

加熱時間（分）	香り	うま味
30		
90		

考察 結果から考えてみよう！

牛すね肉のテクスチャーとうま味やスープの風味は加熱時間とともにどのように変化したかをまとめてみよう。

これらの変化と加熱中の牛すね肉のたんぱく質の変化との関係を考えてみよう。

Cookery Science

食肉のたんぱく質は，大きく3つに分類される（表5-3）。食肉は，加熱によって，たんぱく質が変性し，保水性が低下して硬くなるが，なかでも結合組織を構成する肉基質たんぱく質は強く収縮する。しかし，肉基質たんぱく質であるコラーゲンは，水中で，80℃以上の長時間加熱をするとゼラチン化してやわらかくなる（図5-1）。硬くなった筋原線維たんぱく質も，相互につなぐコラーゲンが分解するのでほぐれやすくなる。

図 5-1 コラーゲンのゼラチン化

資料：松本美鈴・平尾和子編著『新調理学プラス』光生館，2020，p.141，図6-24を一部改変

表 5-3 食肉のたんぱく質

種類	%	主なたんぱく質	特徴
筋原線維たんぱく質	50	ミオシン アクチン	水に難溶，食塩水に可溶，45～52℃で凝固，アクトミオシンを生成し保水性，粘着性に関与
筋形質たんぱく質	30	ミオグロビン ミオアルブミン	水・食塩水に可溶，56～62℃で凝固，肉の死後硬直と熟成に関係，肉色に関与
肉基質たんぱく質	20	コラーゲン エラスチン	水に難溶，熱で強く収縮，肉の硬さに関与，繊維状コラーゲンは，腱，皮，筋膜に含まれ水中長時間加熱でゼラチン化，エラスチンは靭帯，血管壁に含まれ水に不溶

資料：松本美鈴・平尾和子編著『新調理学プラス』光生館，2020，p.138，表6-7を一部改変

§5. 肉に関する実験

5-2 ハンバーグステーキに加える副材料の影響

目 的

ひき肉は，結合組織や筋肉などの硬い部位の肉を機械的に細かく切断することにより，肉をやわらかくする方法のひとつである。ハンバーグステーキはひき肉に，たまねぎ，バター，パン粉，牛乳，卵などの副材料を加えてよくこね，加熱調理する。ハンバーグステーキの副材料の役割を理解する。

理解のポイント！

1．ハンバーグステーキにおける副材料（たまねぎ，バター，パン粉，牛乳，卵）の役割

試 料

牛ひき肉 70 g × 4，たまねぎ 20 g × 2，バター 1.5 g × 2，パン粉 10 g × 2，牛乳 10 g × 2，卵，食塩，こしょう，サラダ油

器 具

上皿電子天秤，調理用秤，竹串，定規，サーミスター温度計，ストップウォッチ，フライパン，一般調理器具

実験方法

❶ 材料は A〜D の 4 種を用意しておく（**表 5-4**）。

表 5-4 ハンバーグステーキの材料配合表 (g)

材料		A	B	C	D	備考
a	牛ひき肉	70	70	70	70	
	たまねぎ	0	0	20	20	肉の約 30%
	バター	0	0	1.5	1.5	たまねぎの 8%
	パン粉	0	10	0	10	肉の 15%
	牛乳	0	10	0	10	パン粉と同量
卵		7	9	9	11	a の 10%
食塩		0.7	0.9	0.9	1.1	a の 1%
こしょう		少々	少々	少々	少々	
サラダ油		5	5	5	5	A〜D を一度に焼く場合は 15g で可

❷ たまねぎはまとめてみじん切りにしてバターで炒めて 2 等分する（C，D 用）。パン粉はそれぞれ計量し，同量の牛乳に浸しておく（B，D 用）。

❸ A〜D の材料をそれぞれボールに入れ，均一になるようにこねて，最終的なこね回数を 100回とする。ただし，材料をこねるときの条件は揃えるようにする。

❹ A〜D の厚さを 1〜1.2 cm にし，円形に成形する。重量，厚さ，直径（3 か所の平均値）を測定する。

❺ フライパンに油を入れて熱し，ハンバーグステーキを強火で 30 秒焼き，火力を弱めて 3 分焼く。裏返して同様に焼き，弱火にして内部まで火が通るようにアルミホイルでふたをして，全加熱時間を測定する。このとき，サーミスター温度計で中心温度を測定し，中心温度が 75℃ に達したのち，1 分以上の加熱を行い，焼き上がりとする。それぞれの試料で加熱の具合が異なるため，竹串をさして赤い肉汁が出ないことを確認し，焼き上がりとする。

52

§5-2　ハンバーグステーキに加える副材料の影響

※サーミスター温度計を使用しない場合は，フライパン専用のふたを用い，焼き上がりの確認は，竹串をさして行う。

❻ 焼き上がったら，重量，厚さ，直径（3か所の平均）を測定する。次式より，重量減少率，厚さおよび直径の収縮率を求める。

・重量減少率（％）＝（加熱前の重量－加熱後の重量）／（加熱前の重量）× 100

・厚さの変形率（％）＝（加熱前の厚さ－加熱後の厚さ）／（加熱前の厚さ）× 100

・直径の変形率（％）＝（加熱前の直径－加熱後の直径）／（加熱前の直径）× 100

❼ すべての試料を切り分けて，ハンバーグステーキの香り，硬さ，味，総合的なおいしさについて官能評価を行う。

結果 結果を表にまとめよう！

表5-5　ハンバーグステーキの重量・厚さ・直径の変化と官能評価結果

項目		A	B	C	D
重量	加熱前（g）				
	加熱後（g）				
	重量減少率（％）				
厚さ	加熱前（cm）				
	加熱後（cm）				
	厚さの変形率（％）				
直径	加熱前（cm）				
	加熱後（cm）				
	直径の変形率（％）				
焼き時間（分，秒）					
官能評価	香り				
	硬さ				
	味				
	総合的なおいしさ				

~~~ Cookery　Science ~~~~~~

・ひき肉料理における副材料の役割

副材料	役割
たまねぎ	肉の臭みを消す，炒めることにより甘味を付与する，やわらかい食感にする，増量
パン粉	肉汁の吸収によってうま味保持・増量，やわらかい食感にする
牛乳	肉臭を消す，やわらかい食感にする
卵	つなぎの役目として結着力を助ける

・「大量調理施設衛生管理マニュアル（厚生労働省）」では，集団給食施設等における食中毒を予防するために，HACCP（Hazard Analysis and Critical Control Point）の概念を取り入れている。調理の途中で食品の中心温度を3点以上測定し，すべての点において75℃以上に達していた場合，その時点からさらに1分以上の加熱が必要とされている。この場合，肉汁の損失は避けられないため，嗜好性を維持・向上できるような工夫が求められる。

§5. 肉に関する実験

5-3 酵素による肉の軟化

目 的

肉をやわらかくするためには，肉の切り方，調味料の使い方，酵素の活用などの方法がある。この実験では，野菜や果物に含まれるたんぱく質分解酵素（プロテアーゼ）の作用によって肉が軟化することを理解する。

理解のポイント！

1．たんぱく質分解酵素による肉のテクスチャー（硬さ，歯切れ）の変化

2．たんぱく質分解酵素による肉のうま味の変化

試 料

豚もも肉（厚さ 0.5 cm 約 50 g × 4：脂肪のないところ），しょうが汁 15 mL，パインアップル汁 15 mL（または，すりおろしたキウイフルーツ 20 g），しょうゆ 15 mL × 4，植物油

器 具

フライパン，はかり（小数点第 2 位まで測定できるものが望ましい），ペーパータオル，ラップフィルム，一般調理器具

実験方法

❶ 豚もも肉を約 50 g ずつになるように 4 つ（A，B，C，D）にとりわけ，それぞれの正確な重量を測定する。

❷ 豚肉 A〜D を次のように処理して，室温（25℃*）で 30 分保存する。

*食味するため，衛生的見地から冷蔵庫保存が望ましい。ただし，酵素反応は低温では進みにくいので，冷蔵庫の場合は 120 分程度保存する。

A：そのままラップフィルムに包む

B：肉重量の 10%のしょうゆと 30%の水に浸す。

C：肉重量の 10%のしょうゆと 30%のしょうが汁に浸す。

D：肉重量の 10%のしょうゆと 30%のパインアップル汁（またはすりおろしたキウイフルーツ）に浸す。

❸ 保存後，豚肉 A〜D は，表面の水分をペーパータオルでふき取り，重量を測定する。

❹ 熱したフライパンに油を少量ぬり，豚肉 A〜D を同時に入れて焼き，さらに裏返して焼く（A は，加熱直前に，元の肉重量の 10%のしょうゆと 30%の水を混ぜ合わせたものに浸けて表面をペーパータオルでふき取ってから焼く）。

❺ 加熱後，各肉の重量を測定する。

❻ 食味して，肉の硬さ，歯切れのよさ，うま味などを比較して，記録する。

§5-3 酵素による肉の軟化

結 果 結果を表にまとめよう！

表5-6 酵素による肉の軟化

	測定項目	A	B	C	D
	元重量（g）				
浸漬後	重量（g）				
	元重量に対する比率(％)				
加熱後	重量（g）				
	元重量に対する比率(％)				
食味	テクスチャー（硬さ・歯切れ）				
	うま味				
	好ましさ				

考 察 結果から考えてみよう！

肉をたんぱく質分解酵素で処理すると、肉のテクスチャーが変わる理由を考えてみよう。
肉のテクスチャーだけでなく、うま味の強さも変化する理由を考えてみよう。

Cookery Science

食肉は、動物の筋肉（骨格筋）であり、筋細胞とそれをつつむ結合組織に脂肪組織が組み合わさってできている。豚もも肉の90％近くは筋細胞でできており、筋細胞は主に筋繊維たんぱく質と筋形質たんぱく質からなる。

たんぱく質分解酵素の利用は、その工夫の1つである。表5-7に、たんぱく質分解酵素を含む食材を示した。酵素に香辛料や調味料を加えたミートテンダライザーも商品化されている。また、マリネなど、肉のpHを下げ、肉自身がもつ酸性プロテアーゼの働きを活性化させて、軟化させることもできる。

表5-7 食品中のたんぱく質分解酵素

食品	酵素名
パパイア	パパイン
パインアップル	ブロメライン
キウイフルーツ	アクチニジン
いちじく	フィシン
しょうが	ジンギパイン

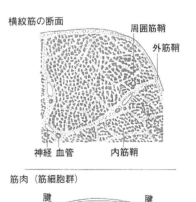

図5-2 骨格筋の構造単位

資料：下村道子・和田淑子共編著『調理学実験書』光生館, 2000, p.48を一部改変
市川収『食品組織学』光生館, 1966, p.64

§5. 肉に関する実験

5-4 ひき肉の加工

目 的

　ソーセージは，家畜や家禽などの食肉を原料とし，塩漬肉をひき肉にして，調味料，香辛料，結着材料を加えて十分に練り合わせ，ケーシングに充填後，乾燥，燻煙，加熱したものである。ケーシングには牛，豚，羊などの腸管，人工ケーシングが利用される。本実験ではソーセージの加工法を理解するとともに，ひき肉に食塩を加えるタイミングによる食感への影響の違いを評価する。

　　理解のポイント！
　　1．ソーセージの加工法の理解
　　2．ひき肉に食塩を加えるタイミングによる食感への影響

試 料

　豚ひき肉 250 g × 2，食塩 5 g × 2，砂糖 2 g × 2，パン粉 20 g × 2，牛乳 7.5 g × 2，黒こしょう 0.25 g × 2，ナツメグ 0.25 g × 2，パセリ 0.25 g × 2，羊腸 1/2 本，氷水 60 g（氷 3～4 個）

器 具

　上皿電子天秤，調理用秤，ソーセージ詰め器（絞り出し袋，口金），竹串，一般調理器具，サーミスター温度計

実験方法

❶　各材料は計量し，パン粉は牛乳に浸して，2 セット用意する。

❷　豚ひき肉 250 g ずつを別々のボール（A，B）に入れて，氷でボールのまわりを冷やしておく。以下の 2 つの手順に従って，材料を加え，最終的なこね回数を 200 回とする。
　A：食塩を最初に加える
　　豚ひき肉に食塩と氷水を加えて 50 回こねる。その後，砂糖を加えて 50 回こね，牛乳に浸したパン粉を加えて 50 回こね，香辛料（黒こしょう，ナツメグ，パセリ）を加えて 50 回こねる。
　B：食塩を最後に加える
　　豚ひき肉に砂糖と氷水を加えて 50 回こねる。その後，牛乳に浸したパン粉を加えて 50 回こね，香辛料を加えて 50 回こね，最後に食塩を加えて 50 回こねる。

❸　ケーシングに詰める。羊腸は塩漬けされているため，前日より水に浸漬させ塩抜きする。円筒の口金をつけた絞り袋に羊腸をセットする。絞り袋に❷を入れ，口金から少し肉が出てきたところで，羊腸の端を結ぶ。手で肉の量を加減しながら徐々に肉を詰めていき，詰め終わったら羊腸の端を結ぶ（**図 5-3**）。

❹　**図 5-4** のように，羊腸に詰めた肉は適当な長さでねじり，ソーセージの形に成形する。

❺　竹串で空気穴を作り，脱気する。

❻　沸騰した湯にソーセージを入れ，ソーセージにサーミスター温度計をさし，中心温度が 70℃ に達してから 20 分間ゆでる。

❼　ゆでたソーセージをフライパンで焼き，ソーセージの断面と食感（硬さ，弾力性など）の違いを評価する。官能評価をする際は，試料の温度を同一条件にして行う。

56

§5-4 ひき肉の加工

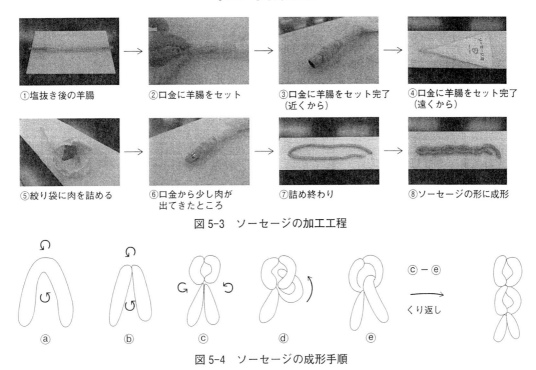

①塩抜き後の羊腸　②口金に羊腸をセット　③口金に羊腸をセット完了（近くから）　④口金に羊腸をセット完了（遠くから）
⑤絞り袋に肉を詰める　⑥口金から少し肉が出てきたところ　⑦詰め終わり　⑧ソーセージの形に成形

図5-3　ソーセージの加工工程

ⓐ　ⓑ　ⓒ　ⓓ　ⓔ　ⓒ－ⓔ くり返し

図5-4　ソーセージの成形手順

[結　果]　結果を表にまとめよう！

表5-8　ソーセージの官能評価結果

食塩を添加するタイミング	ソーセージの断面	食感（硬さ，弾力性など）
最初		
最後		

~~~~ Cookery Science ~~~~

・ひき肉に食塩を加えてこねたときの変化と食塩の役割

　筋原線維たんぱく質のミオシンとアクチンは塩溶性であるため，ひき肉に食塩を加えてこねることで，ミオシンが溶解して単分子となり分散する。また，溶解したミオシンの一部がアクチンと結合し，アクトミオシンを形成することによって粘りが出る。これを加熱することにより結着性のあるゲルとなる。

・ソーセージの分類

　ソーセージは水分量と保存性の観点から，ドメスティックソーセージ類とドライソーセージ類に分類される。前者は比較的水分含量が多く，保存性よりも風味や食感を重視したもので，ボロニアソーセージ，フランクフルトソーセージ，ウィンナーソーセージなどがある。後者は比較的水分含量が少なく，保存性の高いもので，セミドライソーセージ，ドライソーセージなどがある。

6. 魚に関する実験

6-1 魚肉のすり身に関する実験

目 的

　魚肉に食塩を加えてすり身（ゾル）にすると，粘りが出て成形しやすくなり，これを加熱すると弾力のあるゲル（かまぼこやつみれ，しんじょうなど）ができる。このすり身に水やほかの副材料を加えて加熱すると，そのゲルのテクスチャーは変化する。この実験では，すり身のゲル化過程と副材料の影響を理解する。

　理解のポイント！
　1．食塩がすり身の形成とその加熱後のテクスチャーに及ぼす影響
　2．すり身に加える水や副材料が，加熱後のテクスチャーに及ぼす影響

試 料

　あじ（新鮮なもの：生食用）300 g（魚肉として 160 g 程度になる量），食塩 0.5 g × 4，でんぷん（片栗粉）5 g，豆腐 20 g

器 具

　はかり（小数点第2位まで測定できるものが望ましい），メスシリンダー（10 mL），ストップウォッチ，乳鉢・乳棒4組，スプーン，蒸し器，アルミホイル，一般調理器具

実験方法

❶　あじの頭と内臓を除いて，水で洗い，三枚におろし，中骨を取り除く。
　　※鮮度が落ちるので，手早く行うこと。

❷　スプーンで，魚肉を皮からこそげとり，包丁でたたいて，粗いミンチにする。

❸　このあじ肉を 40 g ずつ，4個の乳鉢（A，B，C，D）に取り分ける。

❹　あじ肉 A〜D を次のように処理し，すりやすさとまとまりやすさを比較する。
　　A：乳棒で 150 回すり，食塩 0.5 g（あじ肉の 1.25 %）を加え，さらに 50 回する。
　　B：食塩 0.5 g を加えた後，乳棒で 100 回すり，水 10 mL を加え，さらに 100 回する。
　　C：食塩 0.5 g を加えた後，乳棒で 100 回すり，水 10 mL と片栗粉 5 g（全体の約 10 %）を加え，さらに 100 回する。
　　D：食塩 0.5 g を加えた後，乳棒で 100 回すり，豆腐 20 g（あじ肉の 50 %）を加え，さらに100 回する。

❺　あらかじめアルミホイル（7 × 7 cm 角）を4枚用意し，5 × 4 cm の長方形に印をつけておき，乳鉢のすり身をゴムべらで長方形の上にのせて，直方体に成形する。

❻　蒸気の上がった蒸し器で 20 分間蒸す。
　　※すり身を皿に入れラップフィルムをかけて電子レンジで加熱してもよい。

❼　できあがったかまぼこを厚さ 0.5 cm の薄切りにし，切り目のきめを目視し，軽く押して硬さを比較した後，2つに折り曲げて，折り曲げ試験を行う。

58

§6-1 魚肉のすり身に関する実験

表6-1 折り曲げ試験

折れ目の状態	足*の強さ
折れ目に異常なし	6〜10
ひび割れを生じる	4〜5
折れる	2〜3
折れて2片に分離する	0〜1

*かまぼこなど魚肉練り製品の弾力
資料：下村道子・和田淑子共編著『調理学実験書』光生館, 2000,
p.52, 表6-1

❽ 残りのかまぼこを食味して，硬さ，噛み切りやすさ，舌触り，味を比較する。

【結果】 結果を表にまとめよう！

表6-2 すり身の副材料がかまぼこのできあがりに及ぼす影響

	項目	A	B	C	D
加熱前	すりやすさ				
	まとめやすさ				
加熱後	きめ				
	硬さ				
	折り曲げ試験				
食味	硬さ				
	噛み切りやすさ				
	舌触り				
	味				
	総合評価				

【考察】 結果から考えてみよう！

食塩を加えるタイミング，水や副材料の添加によって，すり身と加熱後のかまぼこのテクスチャーに違いが生じたのはなぜかを考えてみよう。

~~~~ Cookery Science ~~~~

魚肉に1〜3%の食塩を加えてすりつぶすと，食塩によって溶解したミオシンやアクチンが糸状のアクトミオシンを形成する。さらにすりつぶすと互いに絡みあい網目構造を作り，粘りのあるすり身となる。加熱すると網目構造が安定化し，弾力のあるゲルを形成する。この性質を利用して，とびうお，かます，いわし，ぐち，たら，あじなどの新鮮なすり身から，かまぼこ，ちくわ，魚肉ソーセージなどがつくられる。

すり身にでんぷんを加えると，でんぷんはすり身から分離する水を吸水して膨潤・糊化するので，保水性の高い硬いゲルになる。

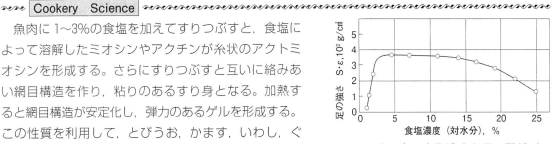

図6-1 すり身の食塩濃度と足の関係（トビウオ）

資料：下村道子・和田淑子共編著『調理学実験書』光生館, 2000, p.51, 図6-1
志水寛「かまぼこの技法」『調理科学』8(4), 1975, p.187を一部改変

7. 野菜・果実に関する実験

7-1 ▎野菜の色の加熱による変化

目 的

野菜にはそれぞれ特有の色があり，調理の際に変化する。色よく調理するためには，野菜に含まれる色素（クロロフィル，アントシアニン，フラボノイド）の性質を知る必要がある。そこで，この実験では，調理（加熱）にともなう野菜の色の変化を理解する。

理解のポイント！

1. 加熱溶液の pH に及ぼす野菜（色素）の変化
2. 加熱溶液の塩類が野菜の色調に及ぼす影響
3. 加熱時間による野菜の色の変化

試 料

野菜（ほうれんそう・なす・カリフラワー）約 100 g，1％食塩水 50 mL × 3，5％食酢 50 mL × 3，0.5％重曹溶液 50 mL × 3，0.01％硫酸銅溶液 50 mL × 1，0.1％みょうばん溶液 50 mL × 2

器 具

ビーカー（100 mL）5 × 3 個，メスシリンダー（50 mL），包丁，まな板，金網，軍手，ストップウォッチ，ガラス棒，駒込ピペット，ピンセット，白い平皿 3 × 3 枚，試験管 15 × 3 本，試験管立て，色差計，pH メーター

実験方法

❶ ほうれんそうは約 3 g を 1 組として 5 組用意し，各組はさらに 3 等分しておく。

❷ なすの皮は薄くむき，1 cm 角くらいに切った 3 枚を 1 組として 5 組用意する。

❸ カリフラワーは約 5 g を 3 つの小房に分けて 1 組として 5 組用意する。

❹ ビーカーに A：水，B：1％食塩水，C：5％食酢，D：0.5％重曹溶液，E：0.01％硫酸銅溶液を 50 mL ずつ入れて加熱する。沸騰後❶を 1 組ずつ投入し（カウントを始める），ガラス棒で混ぜる。投入後 3 分，5 分，10 分後にピンセットでほうれんそうを白皿にとりだし，ゆで汁 2 mL を駒込ピペットで試験管に入れる。

❺ ビーカーに A：水，B：1％食塩水，C：5％食酢，D：0.5％重曹溶液，F：0.1％みょうばん溶液を 50 mL ずつ入れて加熱する。沸騰後❷を 1 組ずつ投入し（カウントを始める），ガラス棒で混ぜる。投入後 3 分，5 分，10 分後にピンセットでなすの皮を白皿にとりだし，ゆで汁 2 mL を駒込ピペットで試験管に入れる。

❻ ❺と同様にビーカーに A，B，C，D，F を 50 mL ずつ入れて加熱する。沸騰後❸を 1 組ずつ入れ❺と同様に行う。

❼ ゆでた❹のほうれんそう，❺のなすの皮，❻のカリフラワー（花蕾）の色調を測色色差計（p.126 参照）で測定し，ゆで汁（ビーカー内）の pH を測定する（「§ 18-6 pH メーター」を参照）。

60

§7-1 野菜の色の加熱による変化

結　果　結果を表にまとめよう！

表7-1　ゆで野菜の色の変化

		A：水 コントロール		B：1%食塩水		C：5%食酢		D：0.5%重曹溶液		E：0.01%硫酸銅溶液		F：0.1%みょうばん溶液	
		L*A*B*	pH	L*A*B*	pH	L*A*B*	pH	L*A*B*	pH	L*A*B*	pH	L*A*B*	pH
試料	加熱時間	ゆで野菜／ゆで汁		ゆで野菜／ゆで汁		ゆで野菜／ゆで汁		ゆで野菜／ゆで汁		ゆで野菜／ゆで汁		ゆで野菜／ゆで汁	
ほうれんそう	3分												
	5分												
	10分												
なすの皮	3分												
	5分												
	10分												
カリフラワー	3分												
	5分												
	10分												

Cookery Science

・クロロフィル（葉緑素）は，緑黄色野菜中に存在する脂溶性色素である。酸性下ではクロロフィル分子中のMg^{2+}が外れ2つのH^+で置換されてフェオフィチンになり褐色になる。食酢，しょうゆ，みそなどのpHが低い溶液中で煮ると変色が著しい。アルカリ性溶液中で煮ると，エステルが加水分解され，フィトールが除かれてクロロフィリンとなり色は鮮緑色になるが，ゆで汁に色素やビタミン類が溶出して損失しやすい。食塩水中でゆでると，Na^+の影響によりフェオフィチンになりにくいため，多少変色が抑えられる。銅イオンが存在すると，クロロフィル分子中のMg^{2+}がCu^{2+}で置換されて安定な銅クロロフィリンとなり，安定な鮮緑色になる。

・アントシアニンは赤紫～紫色の野菜中にアントシアニジンの配糖体として存在する。酸性で赤色，アルカリ性で青色，中性で紫色を呈する。水溶性のため，加熱すると煮汁中に溶出する。Al^{3+}やFe^{2+}と結合すると安定にする（図7-1）。

・フラボノイドは淡色野菜，穀類，豆類に含まれる水溶性の黄色系色素である。酸性で無色，アルカリ性でカルコンとなり黄色を呈する。Al^{3+}，Fe^{2+}とキレート化合物を作り変色しやすい。Al^{3+}で黄色，Fe^{2+}で青・緑色となる（図7-2）。

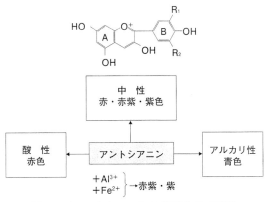

図7-1　アントシアニンの構造と色の変化
資料：大羽和子・川端晶子編著『調理科学実験』学建書院，2017，p.144

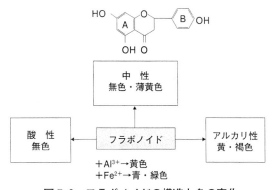

図7-2　フラボノイドの構造と色の変化
資料：大羽和子・川端晶子編著『調理科学実験』学建書院，2017，p.144

7-2 野菜の吸水と放水

目 的
生野菜の調理では，水にさらして歯ざわりのよいパリッとしたサラダにしたり，塩もみしてしんなりさせた漬け物にしたりする。これは浸透圧作用を利用している。そこで，この実験では，水に放したり塩もみといった操作が，野菜の吸水や放水により歯ざわりなどに影響することを理解する。

> 理解のポイント！
> 1. 水洗いと冷水浸漬による吸水量と歯ざわりの変化
> 2. 切り方（薄切りと厚切り）による放水量の変化
> 3. 塩もみによる歯ざわりの変化

試 料
キャベツ約 150 g，きゅうり約 100 g，食塩

器 具
包丁，まな板，はかり（小数点第 2 位まで測定できるもの），ボール 3 個，ざる，ストップウォッチ，温度計，ラップフィルム，メスシリンダー（20 mL）3 個，漏斗 3 個，氷

実験方法

1 キャベツの吸水

❶ キャベツをせん切りにし，均一になるようによく混ぜてから 3 等分（約 50 g）し，3 群（A，B，C）に分けて重量を測定する。

❷ A はそのままボールに入れ，ラップフィルムで乾燥させないようにしておき，15 分後に重量を測定する。B は A と同様にして 15 分置き，ざっと水をかけてざるにあげ，2 分水切りして重量を測定する。C は冷水（15℃以下）に 15 分浸漬後，ざるにあげて 2 分水切りして重量を測定する。重量から吸水率を求める。

$$吸水率（\%）＝\frac{処理後重量－処理前重量（50\,g）}{処理前重量（50\,g）}\times 100$$

❸ A，B，C にキャベツの重量に対して 1% の食塩をふりかけ，すぐ歯ざわり，匂い，味を食味し，官能評価を行う。

2 きゅうりの放水

❶ きゅうりの 2/3 は薄切り（B・C）にし，残りの 1/3 は 0.5 cm の輪切り（A）にする。A，B，C を 30 g ずつはかる。

❷ A と B は重量の 2% の食塩をふり入れ，同じ回数混ぜる。きゅうりと分離液があれば一緒に漏斗に入れストップウォッチでカウントを始める。5 分，10 分，15 分，20 分後にメスシリンダーにたまった分離液量を測定する（乾燥を防ぐため漏斗をラップフィルムで覆う）。

❸ C は重量の 2% の食塩をふり入れ，❷と同様の回数混ぜる。20 分放置し，よくもんだ後，手できゅうりを搾ってできた分離液量をメスシリンダーで測定する。A，B，C の分離液量から分離液率（%）を算出する。

§ 7-2 野菜の吸水と放水

$$分離液率（\%）=\frac{分離液量（mL）}{重量（g）}\times 100$$

❹ 分離液のにごりの有無や色の変化を観察する。各試料の歯ざわり，味を調べ比較する。

[結　果] 結果を表にまとめよう！

表7-2　キャベツの吸水

	試料処理前の重量(g)	処理後の重量(g)	吸水率(％)	官能評価(歯ざわり・匂い・味)	好みの順位
A					
B					
C					

表7-3　きゅうりの放水

	重量(g)	分離液(mL) / 分離液率(％) 5分	10分	15分	20分	にごりの有無色の経時変化	官能評価(歯ざわり・味)
A		mL / ％	mL / ％	mL / ％	mL / ％		
B		mL / ％	mL / ％	mL / ％	mL / ％		
C					mL / ％		

結果からグラフを作成しよう！

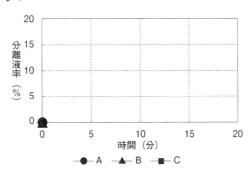

●A　▲B　■C

~~~~ Cookery　Science ~~~~

植物の細胞は，切って水に浸すと浸透圧によって細胞内に水が入りこむため，細胞膜がはった状態になり，パリッとした歯ざわりになる。一方，食塩をふると細胞内から水分が外に出て，原形質分離を起こし，細胞がしなやかになる（図7-3）。

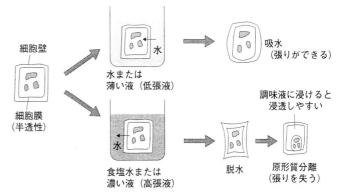

図7-3　浸透圧のしくみ

資料：西堀すき江編著『マスター調理学（第3版）』建帛社，2016，p.36

§7. 野菜・果実に関する実験

7-3 果物の褐変

目 的

果実は調理加工によって褐変するが，その主な原因には酵素による褐変とパンの焼き色やコーヒーの焙焼色などの非酵素的褐変の2つがある。りんご，ももなどは皮をむいて空気中に放置すると酵素作用により褐変する。そこで，この実験では，酵素作用により生じる褐変の機構とその防止法について理解する。

理解のポイント！

1. 果実の酵素による褐変
2. 食塩（阻害剤），酸（pH低下）添加，加熱（酵素失活）による褐変防止
3. アスコルビン酸添加（還元作用）による褐変防止効果

試 料

りんご小1個，食酢（5%酢酸溶液）10 mL，食塩水（10%塩化ナトリウム溶液）10 mL，0.5%アスコルビン酸溶液20 mL

器 具

ビーカー（50 mL）6個，包丁，まな板，プラスチック製おろし器，薬さじ，ガラス棒，pHメーター（pH試験紙）

実験方法

❶ ビーカーにA〜Fのラベルを貼り，Bには5%酢酸溶液，Cには10%食塩水，Dには熱湯，Eには0.5%アスコルビン酸溶液を各10 mL加えておく。

❷ りんごの皮をむき，芯を除いてすりおろし，6等分してすばやくA〜Fのビーカーへ薬さじで入れる。

❸ 室温で20〜30分放置する。

❹ A〜Eのビーカー内のpHを測定し（「§18-6 pHメーター」を参照），A（コントロール）と比較して着色状態を観察する。またA（コントロール）を0として−5〜＋5までの11段階で褐色度を判定する。

❺ 放置後，Fのビーカーに0.5%アスコルビン酸溶液を5 mL加えて色の変化を観察する。

結 果　結果を表にまとめよう！

表7-4　りんごの褐変状態

反応液 （作用）	A そのまま放置 （コントロール）	B 酢酸溶液 （酸性）	C 食塩水 （阻害剤）
pH			
褐色度			
観察			

反応液 （作用）	D 熱湯 （失活）	E アスコルビン酸 溶液 （還元剤）	F 放置後アスコル ビン酸溶液 （還元作用）
pH			
褐色度			
観察			

§7-3 果実の褐変

Cookery Science

　果実類は切断，摩砕などにより細胞が破壊されると，ポリフェノールオキシダーゼ（酵素）が溶出し，果実中に存在するポリフェノール類に作用してキノン類が生成する。これが重合してメラノイジンなどの褐色物質ができる。これを酵素的褐変という。これを防止するためには，a）pHを低下（酸性）させる（例：りんごにレモン汁をかける）。b）阻害剤（食塩）によって酵素反応を阻害する（例：皮をむいたりんごに食塩水をつける）。c）加熱（熱湯）により酵素を失活させる（例：なすを煮る）。d）還元剤（アスコルビン酸）を加えて酸化されて生成したキノン類を減らせばよい。一度褐変したものに食塩を加えても，元に戻らないが，アスコルビン酸を加えると還元作用で褐変は元にもどる。

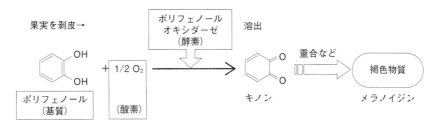

図7-4　果実の酵素的褐変

§7. 野菜・果実に関する実験

7-4 ペクチンのゲル化

目 的

　ジャム，マーマレードなどは果実のペクチンが果実中の酸と加えた砂糖によりゲル化したものである。ゲル化にはペクチン，酸，砂糖の適切な濃度が必要である。そこで，この実験では，ペクチン量，酸および砂糖の濃度を簡単に測定する方法を知る。

　理解のポイント！
　1．酸（pH），糖度の測定法
　2．ペクチンのアルコールテスト
　3．ゲル化に必要なペクチン，酸，糖の割合

試 料

　果実（りんご，キウイフルーツ，パインアップルなど），95％エタノール

器 具

　包丁，まな板，プラスチック製おろし器，ビーカー，ガーゼ，駒込ピペット，試験管，試験管立て，pH メーター（pH 試験紙），糖度計

実験方法

❶　果実の皮をむき，細かく切る，つぶす，おろし器でおろすなどしてガーゼでビーカーへしぼる。
❷　❶の果汁を 3 mL 駒込ピペットで試験管にとり，同量の 95％エタノールを加えて混合する。
❸　❷の混合を止めて凝固状態を観察する（判定表からペクチン量を判定する）。
❹　❶の果汁を pH メーター（pH 試験紙）で pH を測定する（「§ 18-6 pH メーター」を参照）。
❺　❶の果汁を糖度計で糖度（Brix）を測定する（「§ 18-5 糖度計」を参照）。

表 7-5　ペクチン含量の判定表

凝固の状態	ペクチン含量
凝固：全体がゼリー状になる	多い
細かく凝固：ゼリー状のものが液中に浮遊する	やや多い
凝固しない：少量の沈殿があるまたはまったく生じない	少ない

結 果　結果を表にまとめよう！

表 7-6　ペクチン含量，pH，糖度の測定

	試験管の凝固状態	ペクチン含量	pH	糖度（Brix）
りんご				
キウイフルーツ				
パインアップル				

Cookery Science

・ペクチンはガラクツロン酸を主鎖とした複合多糖類である（図 7-5）。その分子内のメチルエステル化の比率によって 2 種類に分けられる（表 7-7）。高メトキシル（HM）ペクチンは酸により解離が抑制され，糖（50％以上）により一部脱水化が起きるため，水素結合と分子のメチル基の疎水結合が補強され網目構造が形成されてゲル化する。一方，低メトキシル（LM）ペクチンは，Ca^{2+} や Mg^{2+} など二価の金属イオンが関係し，金属イオンがペクチン鎖と架橋して網目構造を形成してゲル化する。

§7-4 ペクチンのゲル化

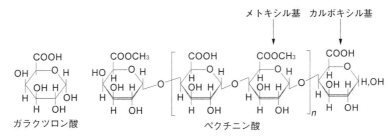

図7-5 ペクチニン酸とペクチン酸の構造

表7-7 ペクチニン酸（ペクチン）のゲル化

	メトキシル基の割合	調理例
高メトキシルペクチン （HMペクチン）	ペクチン酸がメチルエステル化されてできるメトキシル基が7％以上のもの	ジャム ヨーグルト
低メトキシルペクチン （LMペクチン）	メトキシル基が7％未満のもの	ムース アイスクリーム 低糖ジャム

・果実のゲル化に必要な割合はペクチン0.5％以上，酸0.5％以上，pH 2.8-3.2，糖60％以上である。
・ペクチン量の多少を知るためのアルコールテストは，エタノールのような脱水剤を加えるとペクチン質が凝析を起こす性質を利用したものである。

「可食部に対するペクチン酸カルシウムとしての全ペクチン含量」[1]
4％以上：うんしゅうみかん果皮
3.00～3.99％：きんかんパルプ，ぶんたんパルプおよび果皮，ゆずパルプ
2.00～2.99％：ぶしゅかん，ゆず果皮，ポポー，アボカード
1.00～1.99％：きんかん果皮，うんしゅうみかんパルプ，かりん，いちじく，赤すぐり
0.99％以下の柑橘類：きんかん果汁，温州みかん果汁，ぶんたん果汁，ゆず果汁
0.50～0.99％：りんご（紅玉，スターキング，デリシャス，ふじ，インド，国光），すぐり，バナナ（エクアドル産，フィリピン産，台湾産），かき，いちご，キイウィ，マンゴー，パパイア，マルメロ
0.49％以下：日本なし（二十世紀，長十郎，幸水），西洋なし，さくらんぼ，プラム，あんず，もも，うめ，クッキングバナナ，りんご（むつ），びわ，レンブ，ぶどう（キャンベル，デラウェア，ネオ・マスカット，巨峰），パインアップル

---

1) 川端晶子・澤山茂・瓜生恵子『栄養学雑誌』32 (1), 1974, pp.9-19

§7. 野菜・果実に関する実験

7-5 | 加熱調理における野菜中のアスコルビン酸（還元型ビタミンC）量の変化

目 的

　野菜を加熱すると，組織的には細胞膜の透過性の変化や細胞壁を構成するペクチン質の分解などが起こり，特にゆで加熱では，野菜に含まれる水溶性成分の流出が引き起こされる。この実験では，インドフェノール法を用いて，ゆで加熱におけるだいこん中のアスコルビン酸（還元型ビタミンC）量の変化について理解する。

　理解のポイント！
　1．ゆで加熱における食材中の水溶性成分の挙動

　インドフェノール法の原理：アスコルビン酸（L-AsA）の還元性を利用する。L-AsAは酸性水溶液中でインドフェノールを速やかにかつ定量的に還元し，無色の化合物とし，自らはデヒドロアスコルビン酸となる。インドフェノールは青紫色の粉末で水に溶かすとpH 4.2以下では赤色，pH 5.2以上では青色を示すが，還元されると無色になる。そのため，一定量のインドフェノール溶液に酸性のL-AsAを含む液を滴下し，赤色が消える点を終点とした滴定値からビタミンCの量を求めることができる（**図7-6**）。

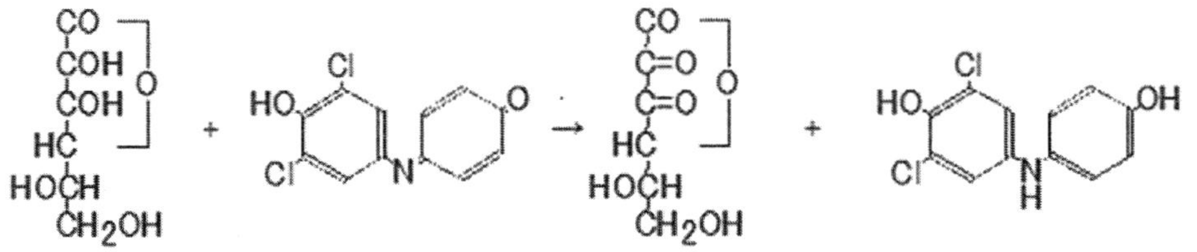

還元型ビタミンC　　　　　インドフェノール　　　　　酸化型ビタミンC　　　　　ロイコインドフェノール
（アスコルビン酸）　　　酸化型,pH 5.2以上で青色　（デヒドロアスコルビン酸）　　　（還元型，無色）
　　　　　　　　　　　　pH 4.2以下で赤色

図7-6　インドフェノール法の原理

試 料

　だいこん1本

試 薬

　20％メタリン酸溶液，8 mg％インドフェノール溶液*，海砂
*あらかじめ力価（1 mLを還元するビタミンC mg量）を求めておく。

器 具

　両手鍋（中），はかり（小数点第2位まで測定できるものが望ましい），茶こし，バット，包丁，まな板，乳鉢・乳棒，薬さじ，メスシリンダー（50 mL），No.2ろ紙，漏斗，ろ過台，三角フラスコ（50 mL），ビーカー（100 mL），ホールピペット（5 mL，2 mL，1 mL），メスピペット（2 mL），安全ピペッター，一般実験器具

実験方法

❶　試料と同数の三角フラスコ（50 mL）に，ホールピペットで20％メタリン酸溶液各5 mLを

68

§7-5 加熱調理における野菜中のアスコルビン酸 （還元型ビタミンＣ）量の変化

入れておく。

❷ だいこんの上から8cm程度を円柱上に切りだし，皮をむく。

❸ 縦に6等分に切り，それぞれ20gになるよう調整する。ただし，6本の長さはそろえ，5cm未満にならないように気をつける。

❹ 1本ずつ0，2，5，10，20分加熱用に割り当て，1本につき10片に切る。

❺ 十分量の水を鍋に入れ沸騰したら，加熱時間別にゆでる。0分加熱用（対照）については，手順❾に進む。

❻ 加熱終了後，茶こしでだいこんをすくいあげ，氷水（あらかじめバットに準備しておく）中で，1分間急冷する。

❼ だいこん表面の水を軽くふき取り，重量を測定する（Xgとする）。

❽ 試料ごとにメタリン酸希釈液を準備する。すなわち，❶で準備した三角フラスコに，45mLからゆで加熱後の各試料重量分を差し引いた量（45-XmL）の蒸留水を加える。

❾ 試料を粗めのみじん切りにする。

❿ この試料を乳鉢に入れ，ただちに，試料が浸る程度に❽で調製したメタリン酸希釈液を全量の1/2〜1/3量加える。加えすぎるとすりつぶしにくいので注意。

⓫ 磨砕剤として海砂を薬さじ約1/2量加え，試料を十分にすりつぶす。

⓬ この液をビーカー（100mL）に移す。残ったメタリン酸希釈液で乳鉢を洗い，同じビーカーに合わせる。

⓭ No.2ろ紙をひだ折りにし，ろ過する。ろ液は，⓬で空になった三角フラスコで受ける。

⓮ 別の完全に乾いた三角フラスコ（50mL）に，インドフェノール溶液を所定量（0分：2mL，その他：1mL）ホールピペットでとる。

⓯ ⓭で得たろ液を2mLメスピペットで⓮のインドフェノール溶液に滴下し，インドフェノールが無色になる総滴下量（滴定値）をよむ。各ろ液につき2回滴定し，その平均をとる。

⓰ 試料中のアスコルビン酸(L-AsA)量（mg%）を次式で求める。

$$試料中のL\text{-}AsA量（mg\%）= \frac{インドフェノール溶液mL数 \times F}{滴定mL数} \times 希釈率 \times 100$$

F：インドフェノールの力価

希釈率：メタリン酸の比重を1と仮定すると，50g/20g = 2.5となる

結　果 結果を表にまとめよう！

表7-8　ゆで加熱によるだいこん中のL-アスコルビン酸量の変化

加熱時間（分）		0	2	5	10	20
滴定値	1回目					
	2回目					
	平均					
AsA量（mg%）						

加熱時間とL-アスコルビン酸量の関係をグラフに示してみよう

考　察 結果から考えてみよう！

ゆで加熱によるだいこん中のL-アスコルビン酸量の変化を，アスコルビン酸の特性から考えてみよう。

§ 7. 野菜・果実に関する実験

Cookery Science

ビタミンCは還元型（L-アスコルビン酸）と酸化型（DAsA）がある。L-AsAは還元力を有するが，自身は酸化をうける。この酸化反応は分子中のエンジオール構造にもとづいており，可逆的である。DAsAは，体内でL-AsAへ還元されるので，ビタミンC活性はL-AsAと同等とされる。しかし，溶液中では加熱によりDKGに酸化されやすく，DKGにはビタミンC活性はない。

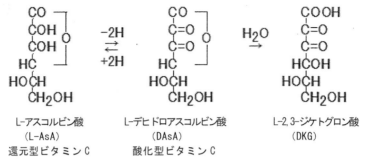

L-アスコルビン酸　　　L-デヒドロアスコルビン酸　　　L-2,3-ジケトグロン酸
（L-AsA）　　　　　　（DAsA）　　　　　　　　　　（DKG）
還元型ビタミンC　　　酸化型ビタミンC

ビタミンCは水によく溶ける。食材中のビタミンCは，健全な細胞膜を透過できないが，切断面から流出する。そのため，「ゆでる」などの水を媒体とした湿式加熱ではビタミンCの損失が大きい。ただし，じゃがいもやさつまいも中のビタミンCは周囲のでんぷんに保護されるため失われにくい。水溶液では，L-AsAは酸化されやすく，特に高温で急速に酸化される。酸性では安定だが，アルカリ性では酸化されやすい。微量の金属イオン，特にCu^{2+}が存在すると，触媒となってL-AsAの酸化が促進される。また，なす，にんじん，きゅうりなどの野菜は，L-アスコルビン酸酸化酵素を含んでいるため，切ったり皮をむいたりすると酵素の働きが活発化し，L-AsAが容易に酸化される。

表7-9　各種調理によるビタミンCの損失（%）

野菜名	ゆでる	煮る	蒸す	炒める	揚げる	漬け物
ほうれんそう	44	52		18		
キャベツ	37	42		25		23
カリフラワー	35		12			
はくさい	43	53		26		60
きょうな	35			27		87
もやし	42	36		47		
ねぎ	48	37		21	4	
たまねぎ	34	33		23	30	
なす	47			23		
かぼちゃ	29	37		17		
じゃがいも	15	45	12	30	10	
さつまいも	17	30	26	20	4	
れんこん	35	29		28		
だいこん	33	32		38		
かぶ	17	39		25		
にんじん	18	10		19		
さやえんどう	43	25		16		
さやいんげん	48			32		

資料：田名部尚子・今井悦子共著『食材をいかす調理学―機能性をさぐる』アイ・ケイコーポレーション，2004，p.59，表3-19
日本施設園芸協会編『野菜と健康の科学』養賢堂，1994，p.61

§7-5　加熱調理における野菜中のアスコルビン酸　（還元型ビタミンC）量の変化

補足：インドフェノールの力価測定

〈試薬〉

1．20％メタリン酸溶液：メタリン酸 20 g を水 80 mL に溶かす。

2．インドフェノール溶液：2,6 - ジクロロインドフェノールナトリウム 8 mg を秤量し，水約 50 mL を加えて溶かし，その溶液をろ紙でろ過する。先のビーカーをさらに約 50 mL の水で洗い，同様にろ過し全ろ液を合わせて 100 mL とする。

3．20 mg％ビタミン C 溶液：結晶ビタミン C 20 mg に 20％メタリン酸溶液 10 mL を加えて溶かす。この液をメスフラスコで 100 mL に定容する。

4．0.0017 mol/L ヨウ素酸カリウム溶液：0.017 mol/L ヨウ素酸カリウム溶液（KIO_3 0.357 g を精秤し，水に溶かして 100 mL とする）を調製し，使用時に 100 倍希釈する。

5．6％ヨウ化カリウム溶液：ヨウ化カリウム（KI）6 g を水に溶かして 100 mL とする。

6．でんぷん指示薬：1％の可溶性でんぷん溶液をつくる。

〈ビタミン C 溶液の濃度の決定〉

　ビタミン C 溶液 2 mL をホールピペットにてとり，三角フラスコ（50 mL）に入れる。次いで蒸留水 3 mL，6％ヨウ化カリウム溶液 1 mL，でんぷん指示薬 2〜3 滴を加えてよく混和したのち，2 mL のメスピペットを用いて 0.0017 mol/L ヨウ素酸カリウム溶液を滴下する。よく混和しつつ青色を認める点を終点として数値を読む。

　ビタミン C 溶液 2 mL に対するヨウ素酸カリウム溶液の滴定量が a mL とすると，ビタミン C 溶液の濃度 b は，式①で算出できる。

$$b = \frac{a}{2} \times 8.8 \quad (mg\%) \qquad (mg\%) \qquad\qquad \cdots ①$$

〈インドフェノール溶液の力価の検定〉

　インドフェノール溶液 2 mL を三角フラスコ（50 mL）にホールピペットにてとり，ビタミン C 溶液を 1 mL のメスピペットを用いて滴下する。赤色がなくなる点を終点とする。滴定数が c mL のとき，インドフェノール溶液の力価 F は式②となる。

$$F = \frac{b}{100} \times c \times \frac{1}{2} \quad \cdots ②$$

　ただし，F はインドフェノール溶液 1 mL に対応するビタミン C mg 量である。

8. 豆・いもに関する実験

8-1 乾燥豆類の吸水

目 的

豆は含有する栄養成分によって，大豆，落花生などたんぱく質や脂質の多いものと，小豆，いんげん豆，えんどう豆などでんぷんの多いものに大別される。グリーンピースやエダマメなどの未熟な新鮮豆類は水分含量が高く野菜と同様に調理される。これに対し，完熟した豆を乾燥させた乾燥豆類は，加熱前に吸水が必要であることが多い。実験では，各種乾燥豆類の吸水の特徴を理解する。

理解のポイント！
1. 豆の種類や新古による吸水パターンの違い
2. 豆の適切な吸水時間

試 料

大豆，小豆（新豆），小豆（収穫から1年以上），いんげん豆，えんどう豆 など

器具・試薬

メスシリンダー(500 mL)，ビーカー（300 mL），温度計，ノギス，スライドガラス，カバーガラス，顕微鏡，ヨウ素ヨウ化カリウム溶液（ヨウ化カリウム2gを100 mLの蒸留水に溶かし，ヨウ素0.2gを加えて溶かしたもの。褐色瓶に保存する）

実験方法

❶ 各種豆の外観を観察し，3粒ずつの長径と短径をノギスで測定する。

❷ 水200 mLを入れたメスシリンダーに，豆50gを入れ，ただちに目盛りを読み，目盛りの増大から体積を測定する。水に投入した時点を浸漬0分とする。

❸ メスシリンダーから豆と水をビーカーに移し，ビーカーを恒温槽などにつけて一定水温（例25℃）に保つ。

❹ 浸漬30分後に，ボールで受けたざるに豆をあけて水を切る。水はビーカーに戻す。ペーパータオルで押さえながら豆表面の水気をとり重量を測定する。

❺ メスシリンダーに新たに200 mLの水を入れ，そこに重量測定後の豆を入れ，ただちに体積を測定する。測定後，豆だけをビーカーに戻し，次の測定時間まで浸漬を続ける。浸漬60分，90分，120分，24時間後に同様の測定を行う。

❻ 24時間浸漬後の豆3粒について，ノギスで長径と短径を測定する。

❼ 浸漬後の豆を薄切りにしてスライドガラスに乗せ，ヨウ素ヨウ化カリウム溶液を摘下してでんぷんを染色した後，カバーガラスをかぶせ顕微鏡ででんぷん粒の観察を行う（10 × 20倍）。

結 果

❶ 各豆の外観を観察し，浸漬による重量と体積の変化を表に記入しよう。

❷ 豆の吸水率（％）と体積増加率（％）を求めて経時変化をグラフに示し，豆の種類による吸水の特徴をつかもう。

吸水率（％）＝ ｛（浸漬後の重量）－（浸漬前の重量）｝／（浸漬前の重量）× 100

§8-1 乾燥豆類の吸水

体積増加率（％）＝ |（浸漬後の体積）－（浸漬前の体積）| ／（浸漬前の体積）× 100

❸ 各豆の顕微鏡画像を比較して豆の種類によるでんぷん量の違いをつかもう。

表 8-1　豆の浸漬による重量と体積の変化

豆の種類		大豆	小豆（新）	小豆（古）	いんげん豆	えんどう豆
豆の収穫時期						
豆の形・色						
浸漬前 長さ（cm）	短径					
	長径					
浸漬 24 時間後 長さ（cm）	短径					
	長径					
浸漬後 重量（g）	0 分					
	30 分					
	60 分					
	90 分					
	120 分					
	24 時間*					
浸漬後 体積（cm³）	0 分					
	30 分					
	60 分					
	90 分					
	120 分					
	24 時間*					

＊可能なら行う。必ずしも 24 時間後でなくてもよいが，十分な浸漬時間をとった後に測定する。

[考察] 結果から考えてみよう！
各豆について，どのような豆料理があるかをあげ，その料理に適した吸水時間を考えてみよう。

~~~~ Cookery Science ~~~~

豆は種類によって吸水パターンが異なる。大豆，いんげん豆などは浸漬の初期段階で速やかに吸水するが，小豆の吸水は他の豆に比べてきわめて緩慢で，水浸漬 5 時間程度ではほとんど吸水しない（図 8-2）。小豆の吸水がこのように遅いのは，吸水の仕組みが他の豆とは異なるためである。大豆などは種皮全体から吸水するのに対して，小豆は水浸漬の初期段階では種皮に存在する珠孔部の小さな穴から少しずつ吸水する。その後，胚座の部分から種皮が切れると急激に吸水が進む。

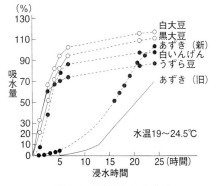

図 8-2　豆類の吸水曲線
資料：松元文子『食べ物と水』家庭教育社，1988，p.221

図 8-1　豆（大豆）の構造
資料：畑江敬子・香西みどり編『新スタンダード栄養・食物シリーズ 6 調理学』東京化学同人，2016，p.121，図 6

§8. 豆・いもに関する実験

8-2 大豆の加工

目 的

豆腐は大豆たんぱく質を熱変性させて凝固剤でかためた食品であり，加工法によって木綿豆腐，絹ごし豆腐などがある。本実験では，加工法や凝固剤の違いが，豆腐の外観および食感へ及ぼす影響を理解する。

理解のポイント！
1. 豆腐の加工工程や凝固剤の違いが豆腐の外観および食感へ及ぼす影響
2. 豆腐に含まれる栄養成分の含量について加工法の違いから考察

試 料

乾燥大豆 200 g，水（乾燥大豆の 5 倍量），凝固剤：すまし粉（硫酸カルシウム）（豆乳重量の 0.7～1.0％量），グルコノデルタラクトン（豆乳重量の 0.3％量）

器 具

木綿布の袋（こし用），木綿布（仕上げ用），ザル，ボール，型箱（または流し型），上皿電子天秤，調理用秤，温度計，ミキサー，鍋，蒸し器，一般調理器具

実験方法

❶ 乾燥大豆 200 g を水洗いし，乾燥大豆の 3 倍量の水を入れて，冷蔵庫（約 4℃）にて 20 時間程度浸漬する。

❷ ❶の水を捨て，浸漬大豆の重量を測定し，膨潤比を求める。

膨潤比＝浸漬大豆の重量（g）／乾燥大豆の重量（g）

❸ 乾燥大豆の 5 倍量の水を計量する。ただし，大豆が吸水した水分量は差し引く。

❹ 浸漬大豆と❸の水をミキサーで 2 分磨砕する。すりつぶした豆汁を呉という。

❺ ❹の呉を大きな深鍋に移し，焦げつかないように木べらで静かにかき混ぜ，沸騰したら弱火にして 5 分煮る（吹きこぼれないように注意する）。

❻ ボールの上にザルを置き，その上に木綿布の袋（こし用）をのせ，加熱した呉を注ぎ込む。袋をねじるようにしてかたく絞る。

❼ 搾り汁が豆乳，袋の中のものをおからといい，豆乳とおからの重量を測定する。豆乳は 2 等分にして，以下の❽木綿豆腐，❾絹ごし豆腐の加工に用いる。

❽ 木綿豆腐

1) 豆乳の 0.7～1.0％量のすまし粉を計量し，50 mL の温水（50～60℃）に溶かしておく。ただし，すまし粉は溶解せず，沈殿しやすいため，加える直前によく混ぜること。

2) 豆乳を鍋に移して 80℃にあたため，火を止める。

3) 豆乳の温度が冷めないうちに，ただちに 2) に，1) を木べらを添えて少しずつ加え，鍋底の方からゆっくり静かに 2 回かき混ぜる（かき混ぜ過ぎないように注意する）。

4) 15 分ぐらいすると全体が凝固する（凝固の確認は，上澄み液が淡黄色をしていればよい）。
※大豆の種類，豆乳濃度により凝固が不十分な場合がある。その際は凝固剤を追加する。

5) ボールの上にザルを置き，その上に木綿布（仕上げ用）を広げる。4) の凝固物をすくい，布の中央に寄せながら入れる。

74

§8-2　大豆の加工

6) 5) の凝固物の形を整えながら布を四方から折り畳み，上からアルミ皿をのせ，さらにその
　　上に計量カップに水100gを入れた重しをのせて，水分を切る（5～10分）。

7) 水を切った凝固物が木綿豆腐であり，重量を測定する。

8) 流水中で20～30分，水にさらす。

❾　絹ごし豆腐

1) 豆乳の0.3%量のグルコノデルタラクトンを計量する。

2) 豆乳を鍋に移して60℃にあたため，火を止める。

3) ただちに，1) を大さじ1の豆乳で溶き，2) に加え，均一に混ぜた後，型箱に入れて表面
　　の泡を消し，蒸し器に入れ，布巾をかけて85℃～90℃で20分蒸す。

4) 型箱のまま水の中に入れて冷まし，冷めたら型箱のふちを竹串で一度通し，水中で豆腐を
　　取り出す。絹ごし豆腐の重量を測定する。

5) 流水中で20～30分，水にさらす。

❿　木綿豆腐と絹ごし豆腐の外観，食感について官能評価を行う。また，たんぱく質や脂質，カ
　　ルシウム含量を食品成分表で調べ，加工法との関連を考察する。

結　果

表8-2　大豆から豆乳までの重量変化

項目	結果
乾燥大豆の重量（g）	
浸漬大豆の重量（g）	
大豆の吸水量（g）	
膨潤比	
豆乳（g）	
おから（g）	

表8-3　豆腐の出来高と官能評価結果

項目		木綿豆腐	絹ごし豆腐
豆乳（g）			
凝固剤（g）			
豆腐の出来高（g）			
官能評価	外観		
	香り		
	硬さ		
	食感（口ざわり）		

~~~ **Cookery　Science** ~~~

　大豆たんぱく質は，2価の陽イオン（Mg^{2+}，Ca^{2+}など）が存在すると架橋構造を形成し凝固する。
また，大豆たんぱく質はpH4～5の酸性にすると等電点沈殿により凝固する。凝固剤の凝固原理と豆
腐の特徴を表8-4に示す。

表8-4　凝固剤の凝固原理と豆腐の種類

凝固剤	凝固の原理・豆腐の特徴	主な利用例
にがり（塩化マグネシウム）	添加した時点から反応が進み，不均一な凝固が起こりやすいが，pHの低下が少ないため，大豆の風味が豊かな豆腐となる。	絹ごし豆腐など
すまし粉（硫酸カルシウム）	にがりに比べて反応は緩慢であるが，しっかりとした組織ができ，かための豆腐となる。	木綿豆腐など
グルコノデルタラクトン	グルコノデルタラクトンは水に溶解するとグルコン酸になり，pHが酸性に傾き等電点沈殿により凝固する。この反応は緩やかに進み，なめらかな豆腐となる。	充填豆腐など

§ 8. 豆・いもに関する実験

8-3 さつまいもの加熱方法と糖度の関係

目的

さつまいもの変色を観察し，適切な処理方法について理解する。また，オーブン加熱，蒸し加熱，電子レンジ加熱の3種類の加熱方法によるいもの甘味への影響を理解する。

> **理解のポイント！**
> 1. さつまいもの褐変，アルカリ性条件下における変色
> 2. さつまいもの加熱方法の違いによる甘味および糖度への影響

試料

さつまいも 2 本（1 本あたり約 150～200 g）

器具

オーブン，蒸し器，電子レンジ，糖度計，乳鉢，乳棒，漏斗，漏斗台，ろ紙，上皿電子天秤，調理用秤，ラップフィルム，アルミホイル，一般調理器具

試薬

石英砂，1%重曹溶液

実験方法

❶ さつまいもは洗い，図 8-3 の通りに厚さ 1 cm の輪切り（皮はそのまま）にする。

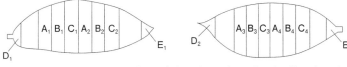

- $A_1～A_4$：オーブン加熱 4 個
- $B_1～B_4$：蒸し加熱 4 個
- $C_1～C_4$：電子レンジ加熱 4 個
- D_1，D_2：生いもの褐変を観察 2 個
- E_1，E_2：アルカリ性条件下におけるいもの変色を観察 2 個

※ A 4 個，B 4 個，C 4 個は，グループごとに水に浸漬し，使用する前にザルにあげ，ペーパータオルで水気をとった後，A 4 個，B 4 個，C 4 個の重量を測定する。

図 8-3　さつまいもの切り方と試料の部位

❷ 生いもの褐変による変色観察

D_1はすぐに水に浸漬し，D_2は空気中に放置する。60 分後，褐変の有無を観察する。

❸ アルカリ性条件下におけるいもの変色観察

E_1は空気中に放置し，E_2は❹b と一緒に蒸し加熱する。その後，E_1，E_2に 1%重曹溶液をいも断面に数滴滴下し，60 分後，緑変の有無を観察する。

❹ 加熱方法

a，b，c いずれも竹串をさしてすっと通るまでの加熱時間を記録し，A 4 個，B 4 個，C 4 個の重量（g）を測定する。

　a　オーブン加熱：アルミホイルに A 4 個を並べて包み，150℃に予熱したオーブンで加熱をする。加熱 5 分後から，4 分刻みで A_1 から順に中心部を竹串でさして焼け具合を確認する。

　b　蒸し加熱：蒸し器の蒸気が出始めてから B 4 個と E_2 を入れる。加熱 5 分後から，4 分刻みで，B_1 から順に中心部に竹串を刺して蒸し具合を確認する。

　c　電子レンジ加熱：ラップフィルムに C 4 個を並べて包み，電子レンジ（500 W）で加熱をする。加熱時間は，いも重量（g）× 2 秒とし，加熱後，C_1の中心部に竹串をさして加熱具合を確認する。その後は加熱時間を 10 秒ずつ追加する。

§8-3　さつまいもの加熱方法と糖度の関係

❺　糖度の測定

・生いも（未使用部位），A 1〜2 個，B 1〜2 個，C 1〜2 個のいもの皮をむき，細かく刻む。生いもは 20.0 g，A，B，C は各 10.0 g を採取し精秤する。細かく刻んだ試料は乳鉢に入れる。

・生いもには石英砂を少し加え，よくすりつぶした後，蒸留水 20 g を加えて混ぜ（希釈倍数 2），さらにすりつぶした後，漏斗に移す。A，B，C にはそれぞれ蒸留水 30 g を加え（希釈倍数 4），すりつぶし，漏斗に移す。各試料のろ過を行い，生いも，A，B，C の糖度を糖度計で測定し，次式より糖度を求める。

糖度＝糖度計の測定値×希釈倍数×100 ／（100 − 重量減少率*）

*重量減少率(%)＝（生いも重量 − 加熱後のいも重量）／生いも重量× 100

・生いもの糖度に対する加熱後のいもの糖度比を求める。

糖度比＝加熱後のいもの糖度(%)／生いもの糖度(%)

❻　官能評価

残りの各試料について香り，口ざわり，甘味について官能評価を行い，相互に比較する。

[結　果]

表 8-5　さつまいもの変色

項目	条件	結果
生いもの褐変による変色	水浸漬	
	空気中	
アルカリ性条件下におけるいもの変色	生	
	蒸し	

表 8-6　さつまいもの糖度に及ぼす加熱方法の影響

	生いも	オーブン加熱	蒸し加熱	電子レンジ加熱
生いもの重量（g）				
加熱後のいも重量（g）				
重量減少率（%）				
加熱時間（分，秒）				
糖度計の測定値				
希釈倍数				
いもの糖度（%）				
糖度比				
官能評価　香り				
官能評価　口ざわり				
官能評価　甘味				

〜〜〜　Cookery　Science　〜〜〜

さつまいもはクロロゲン酸などのポリフェノールを含んでいるため，酵素的褐変によって切り口が変色しやすい。また，クロロゲン酸はアルカリ性条件下では緑変する。さつまいも入りの蒸しパンを調理するとき，膨化剤に重曹を用いると，生地に接するいも表面が緑色に変色することがある。

さつまいもに含まれる β −アミラーゼは，でんぷんを分解し麦芽糖（マルトース）を生成することにより，甘味を呈する。β −アミラーゼの最適温度は 55〜65℃ とされており，この温度帯を長く保つことで甘味が増す。オーブン加熱では温度上昇が緩慢で，糖化酵素が作用する温度を長時間持続し，さらに水分の蒸発によって，甘味が強くなる。一方，電子レンジ加熱は温度上昇が速いため，糖化する前に糖化酵素が失活するため甘味が弱くなる。

77

§8. 豆・いもに関する実験

8-4 じゃがいもの調理

目的

じゃがいもは粉質のいもと粘質のいもの2種類があり，これら代表的な品種を用いて粉ふきいもを調製し，加熱後の操作方法によっていもの調理特性が異なることを理解する。また，じゃがいもの貯蔵期間によりペクチン質が変化するため，いもの性状に及ぼす貯蔵期間の影響について，マッシュポテトの調製を通して理解する。

理解のポイント！

1. 粉ふきいも：いもの品種，温度の違いが粉ふきいもの性状に及ぼす影響
2. マッシュポテト：じゃがいもの貯蔵期間および裏ごし操作時期の違いによる影響

---

(1) 粉ふきいも

試料

男爵いも1個，メークイン1個

器具

包丁，まな板，鍋，計量カップ，サーミスター温度計

実験方法

❶ 男爵いもの皮を剥き，12等分の大きさに切り，水に5分さらす。

❷ ❶を鍋に入れ，いもがかぶる程度の水を加えて，軟らかくなるまでゆでる。

❸ 鍋蓋で押さえて湯を捨て，鍋を弱火にかけ，残った水をさらに蒸発させて消火する。ゆであがったいもを2等分して，半量を鍋に残し（A），残りの半量は皿に取り出し，20分室温で放置する（A'）。

❹ サーミスター温度計でいもの中心温度を測定後，Aは熱いうちにふたをして鍋を上下に5回振り，粉ふきいもを調製する。A'は20分放置した後に，サーミスター温度計でいもの中心温度を測定後，A同様に鍋を上下に5回振る。

❺ メークインについても❶〜❹と同様の操作を行う（加熱直後：B，20分放置後：B'）。

❻ 粉ふきいもの外観（粉のふき方），食感（口ざわり）について，いもの種類，いもの温度による違いを観察する。

結果　結果を表にまとめよう！

表8-7　粉ふきいもの外観・食感に及ぼすいもの品種，温度の影響

品種	操作の時期	温度（℃）	外観（粉のふき具合）	食感（口ざわり）
男爵いも	加熱直後（A）			
	20分放置後（A'）			
メークイン	加熱直後（B）			
	20分放置後（B'）			

§8-4　じゃがいもの調理

(2) マッシュポテト

[試料]

男爵いも（貯蔵したいも）2個，男爵いも（新いも）1個

新いもは収穫後1週間以内，貯蔵したいもは収穫後1か月程度経過したものとする。

[器具]

包丁，まな板，小鍋，計量カップ，裏ごし器，温度計

[実験方法]

❶　貯蔵したいも一部を顕微鏡観察用の試料として確保し，残りは皮を剥き，約1cmの厚さに切り，水に5分さらす。新いもは皮を剥き，約1cmの厚さに切り，水に5分さらす。

❷　貯蔵したいも，新いもはそれぞれ鍋に入れ，いもがかぶる程度の水を加えて，軟らかくなるまでゆでる。

❸　鍋蓋で押さえて湯を捨て，鍋を弱火にかけ，残った水をさらに蒸発させる。貯蔵したいもは2等分（C，C'）にし，新いもはDとする。

❹　マッシュポテト（C，C'，D）

・C，Dの中心温度をサーミスター温度計で測定し，すばやく裏ごしをする。

・C'は室温に20分放置後，中心温度を測定し，同様に裏ごしをする。

・このとき，C，C'とDの操作のしやすさ（難易）について観察する。

❺　マッシュポテトの食感（口ざわり）を比較しながら官能評価をする。

[結果]　結果を表にまとめよう！

表8-8　マッシュポテトの外観・食感に及ぼすいも貯蔵期間・裏ごし操作時期の影響

いもの貯蔵期間	裏ごし操作の時期	温度（℃）	操作のしやすさ	外観・食感（口ざわり）
貯蔵したいも	加熱直後（C）			
	20分放置後（C'）			
新いも	加熱直後（D）			

〈じゃがいもでんぷんの顕微鏡観察方法〉

[試料]

貯蔵したいもの生切片，マッシュポテト（C，C'）（実験（2）の試料を使用）

[器具]

顕微鏡，スライドガラス，カバーガラス，ピンセット，カミソリ

[試薬]

ヨウ素ヨウ化カリウム溶液（ヨウ化カリウム0.36gを蒸留水10mLに溶解し，ヨウ素0.14gを加えて溶解し原液とする。原液を15～20倍に適宜希釈して用いる。褐色びんに保存）

[実験方法]

❶　男爵いもはカミソリを用いて薄い切片を作製する（外髄の部分を含む）。スライドガラスの上にのせ，ヨウ素ヨウ化カリウム溶液を1～2滴落として染色する。空気が入らないようにカバーガラスをのせる。

❷　いもの生の切片，旧じゃがいもで調製したマッシュポテト（C，C'）をスライドガラスの上に微量とり，ヨウ素ヨウ化カリウム溶液を1～2滴落として染色する。空気が入らないようにカバーガラスをのせる。

§8. 豆・いもに関する実験

結　果　結果をまとめよう！

表8-9　じゃがいもでんぷんの顕微鏡観察結果

種類	でんぷんの状態	でんぷん流出の有無
生		
マッシュポテト（C）(加熱直後)		
マッシュポテト（C'）(20分放置後)		

Cookery Science

　粉ふきいもやマッシュポテトなどの調理では，加熱直後の熱いうちに鍋をゆり動かしたり，裏ごしをすると，細胞膜中のペクチンが流動性をもつため，細胞単位に分離しやすい。しかし，冷めるとペクチンの流動性がなくなるため，細胞単位に分離しにくく，力を無理に加えると細胞膜が破れて，糊化したでんぷんが流出して，粘りのある食感となる。じゃがいもでんぷんの顕微鏡写真を図8-4に示す。

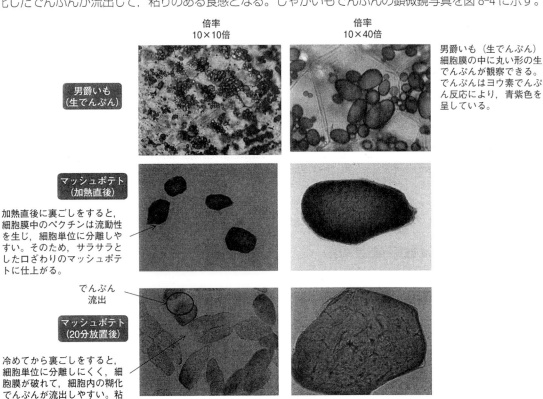

図8-4　じゃがいもでんぷんの顕微鏡写真

　新いもはでんぷんが未成熟であり，不溶性のプロトペクチンを多く含むため，細胞分離しにくい。一方，貯蔵したいもはでんぷんが成熟し，水溶性のペクチンが増えるため，細胞分離しやすい。貯蔵したいもは，新いもに比べて水溶性ペクチンを多く含むので，粉ふきいもやマッシュポテトの調理に適している。

8-5　あんの調製

目　的
小豆から生あんを調製し，細胞単位に分離した子葉細胞の様子を顕微鏡にて観察し，生あんのサラサラとした食感との関係を理解する。また，生あんから練りあんを調製し，その製法を理解する。

> 理解のポイント！
> 1．あん粒子を顕微鏡で観察し，生あんの食感との関係を理解
> 2．小豆から生あん，練りあんに至る製法の理解

試　料
小豆 100 g，砂糖（生あん重量の 65％量）

器　具
上皿電子天秤，調理用秤，ボール，ザル，裏ごし器，木綿布の袋（こし用），ミキサー，一般調理器具，生物顕微鏡，スライドガラス，カバーガラス

試　薬
ヨウ素ヨウ化カリウム溶液（原液を適宜希釈して用いる）（試薬調製方法は「§8-4 じゃがいもの調理」を参照）

実験方法

1　あんの調製

① 小豆 100 g を水で洗い，水を切ったら鍋に入れる。乾燥小豆の重量に対して約 3 倍量（300 mL）の水を加えて強火にかける。
② 沸騰して 1〜2 分後，水を加えて，ゆで湯の温度を 50℃以下に下げる（びっくり水）。
③ ゆで湯は小豆が浸る程度の量になるまで捨て，再び火にかけ沸騰させて 1 分後，ゆで湯を捨て，ザルごと水に漬けて，豆粒の表面に付着した渋みを洗い流す（渋切り）。
④ ③と乾燥小豆重量の 4 倍量の水を入れて強火にかける。沸騰後は焦げない程度の火加減にし，ゆで湯が減ったら湯をたし，小豆の芯がなくなるまで煮る（豆粒が指で押してつぶれる程度）。煮熟時間，煮熟後の小豆重量を記録する。
⑤ 煮熟小豆にその約 2 倍量の水を加えて，ミキサーで 30 秒磨砕する。
⑥ 裏ごし器と木綿布（こし用）の袋をボールの上にのせて，⑤を入れてこす（図 8-5）。袋をしっかり絞り，水分を切る。袋の中のものが生あんであり，重量を測定する。

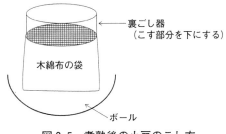

図 8-5　煮熟後の小豆のこし方

§8. 豆・いもに関する実験

❼ 乾燥小豆重量に対する生あんの重量比を求める。

重量比 = 生あんの重量（g）／乾燥小豆重量（g）

❽ 生あんは，官能評価用と顕微鏡観察用に適量を確保し，残りは練りあんの調製に用いる。

❾ 生あん重量の65%量の砂糖と50%量の水を合わせて溶かし，生あんを加える。木べらで混ぜながら煮詰め，水分が減ってきたら，焦げないように練りながら加熱する。あんをすくって落としたときに山ができるくらいの硬さになれば練りあんの完成とする。

❿ 生あんと練りあんの性状について，外観（つや），食感（硬さ，舌ざわり），食味（甘味）について官能評価を行う。

2 小豆の生でんぷんとあん粒子の顕微鏡観察────────────────

❶ 小豆の生でんぷんを観察する試料は，あらかじめ小豆を水に20℃で24時間浸漬させて用意しておく。

❷ 水浸漬した小豆を中央で切断し，カミソリを用いてごく薄い切片を作製する（ミクロトームがある場合は使用するとよい）。

❸ スライドガラスに❷をのせ，ヨウ素ヨウ化カリウム溶液を2〜3滴滴下して染色し，顕微鏡にて小豆の生でんぷんの様子を観察する（10 × 40 倍）。

❹ 生あんの観察では，スライドガラスに生あんをごく少量のせ，ヨウ素ヨウ化カリウム溶液を2〜3滴滴下して染色しカバーガラスをして，顕微鏡にてあん粒子の様子を観察する（10 × 40 倍）。

結果

表8-10　あん調製における重量変化とあんの性状

項目		結果
乾燥小豆重量（g）		
煮熟時間（分，秒）		
煮熟小豆重量（g）		
生あん	重量（g）	
	重量比	
	官能評価 （外観，食感，食味）	
練りあん	官能評価 （外観，食感，食味）	

小豆の生でんぷん（水浸漬）　　　　　　　　　　　　　　　生あん

図8-6　小豆の生でんぷんと生あんの顕微鏡観察（スケッチ）

§ 8-5　あんの調製

~~~ Cookery　Science ~~~

・びっくり水と渋切り

　小豆を下ゆでするなかで,「びっくり水」とはゆで汁に冷水を加えて温度を下げることで,豆の表面と内部の温度差を縮めて胴割れを防ぎ,軟化を均一にさせる。「渋切り」とは沸騰後1分ぐらいした後にゆで汁を捨て,水で洗い流すことにより,豆粒表面に付着したアク成分が除き,色よく仕上がる。

・あん粒子と生あんの食感

　小豆は加水して加熱することにより,子葉細胞に含まれるでんぷんが糊化し膨潤する。たんぱく質は糊化でんぷんを包むように凝固する。加熱により軟らかくなった豆をつぶし,子葉細胞を細胞単位にバラバラに分離したものがあん粒子となる。あん粒子は,糊化・膨潤したでんぷんが細胞膜,細胞壁で覆われており,子葉細胞外に糊化でんぷんが流出しないため,生あんは粘らずにサラサラとした食感を呈する。

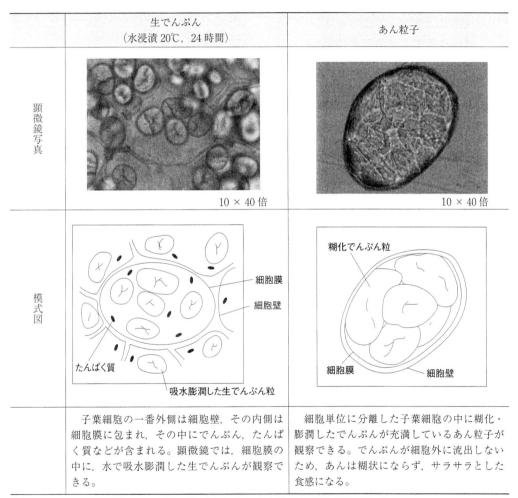

図 8-7　小豆の生でんぷんとあん粒子の顕微鏡写真と模式図

・練りあんの分類

　練りあんは砂糖使用量から分類すると,生あん100（水分60％の場合）に対して65〜70（並あん),80〜90（中割あん),90〜100（上割あん）とされている。

9. 乳・乳製品に関する実験

9-1 牛乳の加熱，酸による変化

目 的

　牛乳中には，たんぱく質が約3%含まれており，主にカゼイン（約80%）と乳清たんぱく質（約20%）に分類できる。牛乳が酸により沈殿を生じたり，加熱によって被膜を形成するのは，このたんぱく質の性質に由来する。この実験を通し，牛乳を用いた加熱調理やカッテージチーズのできあがりを左右する加熱や酸による牛乳の性状の変化を理解する。

理解のポイント！
1．牛乳の加熱による性状変化
2．牛乳の酸による性状変化

試 料

　牛乳250 mL（**実験1** 100 mL ＋**実験2** 150 mL），果汁（りんご・レモン・トマト）各30 mL，食酢30 mL

器 具

　小鍋（片手・厚手），ピンセット，はかり（小数点第2位まで測定できるものが望ましい），温度計，ビーカー（100 mL），メスシリンダー（100 mL），駒込ピペット，pH試験紙，茶こし，一般調理器具

実験方法

1　実験1：牛乳の加熱による変化─────────────────────────

　❶　牛乳100 mLを片手鍋に入れ，弱火で加熱する。

　❷　表面に被膜ができ始めたら，牛乳の温度を測定する。

　❸　表面に膜が形成されたら，いったん火を止めて，静かに被膜をはずす。この被膜を皿に広げて外観を観察し，被膜の重量を測定する。

　❹　一方，❸の鍋を再び弱火で加熱し，再度，被膜ができ始める温度と，できた被膜の観察と重量測定を行い，1回目の被膜と比較する。

2　実験2：牛乳の酸による変化──────────────────────────

　❶　りんごは，すりおろし，2枚重ねにしたガーゼで絞る。トマトは，皮を湯むきし種を除いて薄切りにしたものを，同様にガーゼで絞る。レモンは，レモン絞りで絞る。それぞれ，茶こしでこしておく。この果汁と食酢のpHをpH試験紙（TBまたはBPB）で測定する。

　❷　ビーカー（100 mL）5個に，牛乳を30 mLずつ測りとる。牛乳のpHを測定する（pH試験紙：MR）。

　❸　❷で用意した酸（果汁または食酢）4種類を，各ビーカーに割り当てて加える。酸は，3 mLずつ10回加え（合計30 mL），加えるたびに全体をよく混ぜ合わせる。酸を加えるたびに，そのときのpHを測定し，内容物の凝固状態を観察する（**表9-2**）。

　❹　ビーカー（100 mL）1個に，45〜50℃に加熱した牛乳を30 mL測りとる。レモン果汁を3

84

§9-1 牛乳の加熱, 酸による変化

mL 加え, pH を測定し, 全体をよく混ぜ合わせ, 40～45℃で 10 分静置する。内容物の状態を観察する。

[結 果] 結果を表にまとめよう！

表 9-1 実験 1 牛乳の加熱による変化

	加熱中の状態	食味テスト
収量 (g)		
被膜のできる温度 (℃)		
外観など観察結果		

表 9-2 実験 2 牛乳の酸による凝固

添加量 (mL)	りんご pH	凝固状態	レモン pH	凝固状態	トマト pH	凝固状態	食酢 pH	凝固状態
3								
6								
9								
12								
15								
18								
21								
24								
27								
30								

[考 察] 結果から考えてみよう！

牛乳の被膜形成の起こる温度を見つけよう（何℃までの加熱なら被膜ができないかを考えよう）。

牛乳に沈殿が生じる pH をみつけよう。

加熱によって生成した被膜が浮き上がる理由を考えてみよう。

牛乳を加温した影響を調べよう。

酸による牛乳中のたんぱく質が凝固する理由を考えてみよう。

[Cookery Science]

牛乳中のたんぱく質は図 9-1 のように存在している。乳清たんぱく質は熱安定性が低く 65℃付近で凝固する。牛乳を 60～65℃に加熱すると被膜ができるのは, 加熱によって変性したたんぱく質が比重の小さい脂肪球などを取り込んで液面に浮上するためである。一方, カゼインは, 熱には比較的安定だが, 等電点（pH 4.6）になるとミセルが不安定になり沈殿する。カゼインは, 凝乳酵素（レンネットなど）の作用によっても沈殿する。

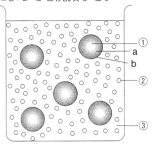

①脂肪球
（径0.1～10μm, 2×10^{9}個／mL牛乳)
　a：トリグリセリド, 脂溶性ビタミン
　b：リン脂質, たんぱく質, コレステロール
②カゼインミセル
（径0.05～0.3μm, 2×10^{13}個／mL)
　カゼイン, カルシウム, マグネシウム, リンを含む)
③乳清たんぱく質, ラクトース, ミネラル
（ナトリウム, カリウム, 塩素など), 水溶性ビタミン

図 9-1 牛乳成分の状態の模式図
資料：川端晶子編『調理学』学建書院, 1997, p.232

§9. 乳・乳製品に関する実験

9-2 クリームの泡立てと分離

目 的

クリームは，牛乳に含まれる乳脂肪をクリームセパレーターで遠心分離し濃縮したものである。クリームを泡立てると空気が抱き込まれ，そのまわりのたんぱく質の変性によって安定化するため，適度な硬さをもったホイップができる。ホイップしたときにどのくらいの空気が含まれるか，起泡性を示す指標をオーバーランという。市販されているクリームには，乳脂肪のみ，乳脂肪と植物性脂肪，植物性脂肪のみの3種類ある。用いるクリームの種類や泡立て条件により，泡立てやすさやできたホイップクリームの性状に違いがあるかを比較する。

理解のポイント！
1. 動物性クリームと植物性クリームの違い
2. 泡立て時の温度と砂糖添加の影響
3. 泡立て時間による性状の違い

試 料

クリーム（脂肪分35%以上のホイップ用）：動物性，植物性クリーム各150 g，グラニュー糖10 g

器 具

ミニシャーレ，ボール，泡立て器，はかり，メスシリンダー，薬さじ，温度計，ストップウォッチ，測色色差計

実験方法

❶ ミニシャーレの重量を測定し，動物性，植物性それぞれのクリームを満たして上面をすり切り，重量を測定する。

❷ 動物性，植物性それぞれのクリームを50 gずつボールA～Fに取り，**表9-3**記載の泡立て温度に従って5℃（氷水）または25℃（室温）に保つ。ボールBとEにはグラニュー糖5 gを入れる。

❸ 各温度を保ちながら一定の速度で撹拌し，泡立て器を持ち上げたときに角が立つ程度になるまでに要した時間を記録する。

❹ それぞれのホイップクリームを❶のミニシャーレに入れて重量を測定し，次式でオーバーラン（%）を算出する。

$$オーバーラン（\%）＝\frac{一定容量の生クリームの重量－同容量のホイップクリームの重量}{同容量のホイップクリームの重量} \times 100$$

❺ それぞれのホイップクリームの表面の白色度を測色色差計（p.126参照）で測定するとともに，食味（口ざわり，油っぽさ）を評価する。

$$白色度 W = 100 - [(100 - L^*)^2 + a^{*2} + b^{*2}]^{1/2}$$

❻ さらに撹拌を続け，状態を観察しながら分離が生じるまでの時間を測定する。

86

§9-2 クリームの泡立てと分離

結 果　結果を表にまとめよう！

表9-3　クリームの泡立てと分離

クリームの種類	動物性			植物性		
	A	B	C	D	E	F
泡立て温度（℃）	5	5 （砂糖添加）	25	5	5 （砂糖添加）	25
泡立て時間（分）						
オーバーラン（％）						
測色値 L*値						
a*値						
b*値						
食味						
分離までの時間（分）						

~~~ **Cookery　Science** ~~~

　ホイップ用のクリームは通常乳脂肪を45～50％含み，この脂肪分が多いほど泡は安定であるといわれる。クリームは低温にすると脂肪球が凝集し，粘度が上昇して，起泡性が増す。クリームの脂肪はO/W型エマルションであり，泡立てすぎると分離する。分離したバターは分離液を少しずつ加えて攪拌し，バタークリーム状に戻して，ホイップしたクリームと性状や食味を比較すると，O/W型のクリームとW/O型のバタークリームの違いがわかる。

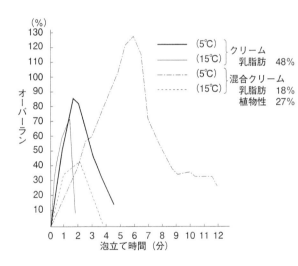

5℃で泡立てた場合，混合クリームはクリームよりオーバーランが最高に達するまでに時間がかかるが，オーバーラン値はかなり高い。一方，15℃で泡立てた場合，混合クリームはオーバーラン値が著しく低下し，クリームより温度の影響を受けやすい。

図9-2　クリームの起泡性
資料：高橋敦子編著『調理学』光生館，2010，p.73
松本睦子・河村フジ子「市販クリームの起泡性と起泡クリームの特性」『調理科学』11（3），1978，p.189

10. 砂糖に関する実験

10-1 砂糖の加熱温度とその性質

【目　的】

　砂糖溶液を加熱すると，砂糖濃度が高くなるとともに，沸点が高くなり，粘度も上昇する。この液を冷ますと過飽和となり，攪拌などの刺激で結晶を生じる。この形態の変化はさまざまな調理に利用されている。この実験では，加熱温度と砂糖の状態変化の関係を理解する。

　　理解のポイント！
　　1．砂糖溶液の温度上昇に伴う性状の変化
　　2．砂糖溶液の状態とそれに適した用途（調理）

【試　料】

　砂糖（グラニュー糖）100 g，サラダ油

【器　具】

　ビーカー（200 mL，砂糖加熱用），ビーカー（100 mL，氷水用），温度計（上限200〜250℃），スタンド，はかり，小皿（白），大皿（白），スプーン，セラミック付き金網，三脚，ガスバーナー，一般調理器具

【実験方法】

❶　ビーカー（200 mL）に砂糖100 gと水50 mLを入れ，かき混ぜて砂糖を溶かす。
❷　ガスバーナーに三脚をセットし，三脚の上にセラミック金網をのせる。
❸　セラミック金網に上に❶のビーカーをおき，温度計を，液の中央にくるようにスタンドを使ってセットする。
❹　加熱を開始し（攪拌しない），沸騰し始めたら弱火にして，表10-1に記載の各温度になったら，ビーカー内の糖液の状態を確認する。さらに，糖液をスプーンで1滴ずつ小皿に滴下し，色と流れやすさを観察する。
❺　また，❹と同じ温度の糖液1滴を，ビーカー（100 mL）に用意した氷水にいれ，水中での固まり方，糸の引き方を観察する。糖液が固まり始めたら，水中から取り出して，指でつまんで硬さを比較する（水中テスト，図10-1）。
❻　さらに，表面に薄くサラダ油を塗った白い大皿に，❹と同じ温度の糖液スプーン1杯分ずつを順にとり，冷めたあと食味して，硬さ，色，香りなどを比較する（食味テスト，図10-2）。

図10-1　水中テスト　　図10-2　食味テスト

資料：早渕仁美・中嶋加代子・小西史子編著『調理科学実験（第2版）』医歯薬出版，2005，p.46，図(a)(b)参照

§ 10-1 砂糖の加熱温度とその性質

結　果 結果を表にまとめよう！

表 10-1　糖液の加熱による性状変化

温度（℃）	加熱中の状態	加熱直後の状態	水中テスト	食味テスト
103				
106				
120				
130				
140				
150				
160				
180				

考　察 結果から考えてみよう！

各加熱温度での糖液の状態から，砂糖の各温度帯における調理特性と調理用途を考えてみよう。

~~~~ **Cookery　Science** ~~~~~~~~~~~~~~~~~~~~~~~~~~~~~~~~~~~~~~

砂糖の主成分のショ糖は，1分子内に8個の水酸基をもつため，親水性が高く，水への溶解度が高い。また，ショ糖濃度が高くなると，粘度や沸点も上昇する。一方，濃度の高い糖液の液温を低下させると，結晶が析出する。糖液の上昇温度など条件によって形状の異なる結晶が生成する。また，糖液の温度が，130℃以上になると，ショ糖が一部加水分解して，転化糖が生成しはじめ，150℃をこえると，ほんのり着色し，香ばしい香りもしはじめる。170℃をこえると脱水縮合して，特有の苦みと香りを有するカラメルとなる。

表 10-2　ショ糖の溶解度

温度℃	溶液 100 g 中におけるショ糖の g 数または％	100 g の水に溶けるショ糖の g 数
0	64.18	179.2
10	65.58	190.5
20	67.09	203.9
30	68.70	219.5
40	70.42	238.1
50	72.25	260.4
60	74.18	287.3
70	76.22	320.5
80	78.36	362.1
90	80.61	415.7
100	82.87	487.2

資料：下村道子・和田淑子共編著『調理学実験書』光生館，
2000，p.83，表 10-2

表 10-3　ショ糖溶液の沸騰点（Browne）

ショ糖%	10	20	30	40	50	60	70	80	90.8
沸騰点%	100.4	100.6	101.0	101.5	102.0	103.0	106.5	112.0	130.0

資料：下村道子・和田淑子共編著『調理学実験書』光生館，2000，p.83，表 10-1

§ 10. 砂糖に関する実験

10-2 フォンダン・砂糖衣と抜糸・飴

目 的

フォンダンや砂糖衣は，加熱したショ糖溶液を撹拌して結晶化させたものであるが，一方で抜糸や飴はショ糖の結晶化を防ぐことが重要となる。この実験では，フォンダン，砂糖衣，抜糸，飴を作る際の要点を理解する。

> **理解のポイント！**
> 1. フォンダン・砂糖衣：ショ糖の溶解度と，ショ糖溶液の加熱温度・撹拌温度の違いによる結晶の変化
> 2. 抜糸・飴：酸の添加が結晶化に及ぼす影響（ショ糖の転化）

試 料

グラニュー糖 50 g × 6，食酢 10 mL，サラダ油

器 具

鍋（直径 15 cm 程度），温度計（200℃），顕微鏡，スライドガラス，カバーガラス，ストップウォッチ，電子天秤，メスシリンダー，木べら，皿，スプーン，箸

実験方法

1 フォンダン・砂糖衣（ショ糖の結晶化）──────────────

❶ 鍋にグラニュー糖 50 g と水 30 mL を入れ，加熱前に十分に溶かす。

❷ A：❶を加熱し（加熱中は撹拌せず，沸騰し始めたら弱火にする。B～F も同様），107℃になったら火から下ろしてただちに木べらで撹拌する。白く結晶化し始めるまでの時間と，さらにかき混ぜてとろりとした状態になるまでの時間を測定する。皿に取り出し，固まった状態のフォンダンを観察する。

❸ B：❶を加熱し，107℃になったら火から下ろす。40℃まで冷めたら木べらで撹拌し，以下❷と同様に行う。

❹ C：❶を加熱し，117℃になったら火から下ろしてただちに木べらで撹拌する。白く結晶化し始めるまでの時間と，さらにかき混ぜて硬く粗い結晶ができるまでの時間を測定する。皿に取り出し，固まった状態の砂糖衣を観察する。

❺ D：❶を加熱し，117℃になったら火から下ろす。40℃まで冷めたら木べらで撹拌し，以下❹と同様に行う。

❻ A～D を少量ずつ取り，それぞれ結晶の状態を顕微鏡で観察する（150 倍）。残った結晶は，外観（つや・きめ）と食味（硬さ・口溶け・甘さ）を比較する。

2 抜糸・飴（結晶化の防止）──────────────

❼ E：鍋にグラニュー糖 50 g と水 30 mL を入れて加熱し，145℃になったら火から下ろして 1/2 量を皿（薄くサラダ油を塗っておく）に流し入れて 30 分間放置する（飴）。鍋に残った糖液は冷めると糸を引き始めるので（抜糸），その温度を記録する。箸に絡ませながら，糸の色や硬さを観察する。

❽ F：鍋にグラニュー糖 50 g と水 20 mL，食酢 10 mL を入れて加熱し，以下❼と同様に行う。

❾ 飴（E，F）の色，硬さ，透明度を観察する。皿をラップフィルムで包んで（水分や埃など

90

§ 10-2 フォンダン・砂糖衣と抜糸・飴

を避けるため）常温に置き，1日後と7日後に同様の観察を行う。

結 果 結果を表にまとめよう！

表 10-4 フォンダン・砂糖衣（ショ糖の結晶化）

加熱温度	結晶化に要する時間		結晶の状態					顕微鏡観察
	分	秒	外観		食味			
			つや	きめ	硬さ	口溶け	甘さ	
A：107℃								
B：107 → 40℃								
C：117℃								
D：117 → 40℃								

表 10-5 抜糸・飴（結晶化の防止）

	抜糸		飴		
	糸を引き始める温度	糸の色・硬さ	色・硬さ・透明度		
			30分後	1日後	7日後
E：グラニュー糖＋水					
F：グラニュー糖＋水＋食酢					

~~~ Cookery Science ~~~

ショ糖溶液（106～120℃）を攪拌したときに結晶化する性質を利用したのがフォンダンと砂糖衣である。一般に煮つめ温度が高いほどショ糖濃度も高い（表 10-3）ため，攪拌により結晶は速く出始めるが大きな結晶になりやすく，きめが粗くなる。ショ糖溶液の沸騰点が 107℃のときショ糖濃度は 70％（表 10-3）で，40℃にすると飽和溶液（表 10-2），40℃以下で過飽和溶液となる。過飽和状態で攪拌すると結晶の核が多く形成され，攪拌を続けることで細かく滑らかな結晶を得ることができる。

図 10-3 に，ショ糖溶液を 113℃まで加熱し，ただちに攪拌したフォンダン（左）と，40℃まで放冷してから攪拌したフォンダンの顕微鏡写真を示す。

一方，抜糸や飴を作る際は結晶が生じないようにする必要がある。ショ糖溶液に酸を加えて加熱すると，ショ糖の一部がブドウ糖と果糖に加水分解し，転化糖（図 10-4）となって結晶化を防ぐことができるため，食酢やレモン汁が使われる。

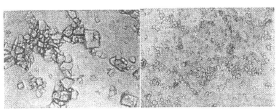

（a）砂糖液を113℃まで加熱後ただちに攪拌（倍率約200倍）　（b）113℃まで加熱した砂糖液を放冷，40℃になったとき攪拌（倍率約200倍）

図 10-3 フォンダンの顕微鏡写真（ロウ，1964）
資料：亀山春・山崎妙子・松岡洋子・古賀菱子『食物と栄養の科学 7　調理学実験』朝倉書店，1988，p.64

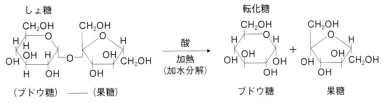

図 10-4 ショ糖と転化糖の関係

§10. 砂糖に関する実験

10-3 アミノ・カルボニル反応による着色と香気

目 的

　ホットケーキやクッキーの焼き色と香ばしい香りは，アミノ酸と糖によるアミノ・カルボニル反応（メイラード反応）により生成する。本実験では，ホットケーキ生地を用いて，調理中のアミノ・カルボニル反応による着色と香気の生成について理解する。

　　理解のポイント！
　　1．副材料（砂糖，牛乳，卵）の添加による，色と香りの違い

---

(1) ホットケーキの焼き色と香り

試 料

　薄力粉 40 g × 4，ベーキングパウダー 1.2 g × 4，砂糖 13 g × 3，牛乳 85 g，溶き卵 16 g，サラダ油

器 具

　電子天秤，メスシリンダー，ボール，ホットプレート，測色色差計，一般調理器具

実験方法

❶ 薄力粉 40 g とベーキングパウダー 1.2 g を混合し，2 度ふるったものを 4 組用意する（A～D）。

❷ A：ボールに水 50 mL を入れて①の薄力粉 A を加え，木べらで軽く均一になるまで混ぜる。

❸ B：ボールに水 45 mL と砂糖 13 g を入れて①の薄力粉 B を加え，均一に混ぜる。

❹ C：ボールに牛乳 50 g と砂糖 13 g を入れて①の薄力粉 C を加え，均一に混ぜる。

❺ D：ボールに牛乳 35 g，砂糖 13 g，溶き卵 16 g を入れて混ぜ合わせ，これに①の薄力粉 D を加えて均一に混ぜる。

　※ B～D に加える砂糖，牛乳，卵は，水のみを加えた A と同程度の硬さの生地になるよう換水値を用いて液体（水）に換算する。上記の分量は，換水値（20℃）〔水 100；牛乳 90；卵 83～85；砂糖 33～40〕により算出した。

❻ ホットプレートを 160℃ に熱し，油を薄く均一にひいてから（余分な油は拭き取る）A～D の生地を直径 10 cm 程度の円形になるように流し入れ，生地の表面にプツプツと気泡ができるまで 3～4 分焼き，裏返してさらに 2～3 分焼く。

❼ 焼き上がり後，粗熱を取ったら表面の焼きむらのない部分を選び，適切な大きさに切る。測色色差計の反射試料台にのせて焼き色を測定する（L*a*b*表色系）。

❽ 色，香り，味を比較し，記録する。

§ 10-3　アミノ・カルボニル反応による着色と香気

結　果　結果を表にまとめよう！

表 10-6　ホットケーキの焼き色と香り

	色（測色色差計）			香り	味
	L*	a*	b*		
A：薄力粉＋水					
B：薄力粉＋砂糖＋水					
C：薄力粉＋砂糖＋牛乳					
D：薄力粉＋砂糖＋牛乳＋卵					

考　察　結果から考えてみよう！

　副材料（砂糖，牛乳，卵）の添加により，ホットケーキの焼き色や香り，味にどのような違いがあるか考えよう。

~~~ Cookery　Science ~~~

　アミノ・カルボニル反応（メイラード反応）は，アミノ酸などアミノ基をもつ化合物と，還元糖などのカルボニル基をもつ化合物が反応し，褐色色素（メラノイジン）や香気成分を生成する反応で，照り焼きや焼き菓子などの加熱過程で起こる非酵素的褐変の一つである。また，常温でもゆっくり進行するため，みそやしょうゆなどの加工にも利用されている。反応するアミノ酸と糖の組み合わせや加熱温度などの条件により，色調や生成される香りが異なる（**表 10-7**）。

表 10-7　アミノ酸とグルコースを加熱褐変させたときに生じる匂い

アミノ酸	180℃加熱	100℃加熱
グリシン	カラメルの匂い	
アラニン	カラメルの匂い	
バリン	刺激性の強いチョコレートの匂い	ライ麦パンの匂い
ロイシン	チーズを焼いた匂い	甘いチョコレートの匂い
イソロイシン	チーズを焼いた匂い	
フェニルアラニン	すみれの花の匂い	甘い花の匂い
チロシン	カラメルの匂い	
メチオニン	じゃがいもの匂い	じゃがいもの匂い
ヒスチジン	とうもろこしパンの匂い	
トレオニン	焦げ臭い匂い	チョコレートの匂い
アスパラギン酸	カラメルの匂い	氷砂糖の匂い
グルタミン酸	バターボールの匂い	チョコレートの匂い
アルギニン	焦げた砂糖の匂い	ポップコーンの匂い
リジン	パンの匂い	
プロリン	パン屋の匂い	たんぱく質の焦げた匂い

資料：藤巻正生ほか『食品化学（改訂新版）』朝倉書店，1976，p.135

　ショ糖は還元性を示さないが，グラニュー糖と上白糖では上白糖のほうが転化糖を多く含むため，褐変が速く進行する。

93

11. 寒天・ゼラチンに関する実験

11-1 砂糖，酸，牛乳の影響

目 的

寒天，ゼラチンは，水に分散し加熱溶解すると流動性のあるゾルになり，冷却するとゲル化し凝固する。寒天とゼラチンでは，使用濃度，溶解温度，ゲル化条件，透明度，硬さ，口あたりなどの性状が異なる。ゲルの性状を比較し，ゲルの物性に及ぼす砂糖，酸，牛乳の影響を比較する。

理解のポイント！
1. 寒天とゼラチンの性状の違い
2. ゲルの物性に及ぼす砂糖，酸，牛乳の影響
3. 破断特性，官能評価（評点法）

試 料

【ゲル化材料】粉寒天 2.0 g × 4，粉ゼラチン 12.0 g × 4
【添加物】砂糖 60 g × 6，レモン汁 20 g × 2，牛乳 160 g × 2

器 具

鍋，へら，流し型（小），円柱型ガラスリング（φ 30 mm × H 20 mm），ガラス板，はかり，バット，温度計，レオメーター，官能評価用食器

実験方法

1 試料の調製

再現性があるように，加熱条件，冷却条件などを統一する。

❶ 試料は，粉寒天濃度 0.5%（w/w），ゼラチン濃度 3.0%（w/w）とし，表 11-1 に示す材料を混ぜ合わせ，仕上がりを 400 g に調整する。

表 11-1　材料の基本配合

g		粉試料	水	砂糖	レモン汁	牛乳	仕上がり	g		粉試料	水	砂糖	レモン汁	牛乳	仕上がり
寒天	A	2.0	460	0	0	0	400	ゼラチン	A'	12.0	388	0	0	0	400
	B	2.0	400	60	0	0			B'	12.0	328	60	0	0	
	C	2.0	380	60	20	0			C'	12.0	308	60	20	0	
	D	2.0	240	60	0	160			D'	12.0	168	60	0	160	

❷ 寒天は，表 11-1 に示した分量の水に振り入れ 10 分間浸漬膨潤後，しっかりと沸騰させ加熱溶解する。完全に溶けたら，B〜D には分量の砂糖を加え，A, B では仕上がり重量が 400 g になるまで煮詰める。400 g 未満まで煮詰めすぎた場合は，蒸発量を熱水で補い，400 g に調整する。C, D では，レモン汁，牛乳を加えて 2 分間加熱を行い，同様に 400 g に調整する。

❸ ゼラチンは，分量の水に振り入れ 10 分間浸漬膨潤後，50℃の湯せんで溶解する。完全に溶けたら，B'〜D'には分量の砂糖を加えて溶かし，C', D'ではレモン汁，牛乳を加えて 50℃で 2 分間湯せんする。50℃の温水で仕上がり 400 g に調整する。

❹ 各ゾル（❷，❸）をガラスリングを並べた 2 つの流し型に 200

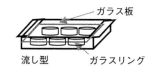

図 11-1　ゲルの調製（成形）

§ 11-1 砂糖，酸，牛乳の影響

gずつ気泡が入らないように静かに流し，ガラス板をのせる（**図11-1**）。氷水中で冷却し凝固させ，ゲル化するまでの時間を測る。

2 破断特性

各ゲルの破断特性をレオメーターで測定する。測定条件は，ロードセル20 N，φ 40 mmの円柱型プランジャーを用い，圧縮ひずみ70%，圧縮速度1.0 mm/sとする。破断応力（Pa），破断ひずみ（−），破断エネルギー（J/m³）を求める（「§ 18-1 レオメーター」**図18-2**応力－ひずみ曲線を参照）。

3 官能評価（評点法）

各ゲルの官能評価を9段階評点法により行う（「§ 16. 官能評価」を参照）。分析型の評価項目を透明度，離漿，なめらかさ，甘さ，硬さ，弾力性，嗜好型の評価項目を総合評価とする。

結果 結果を表にまとめグラフを作成しよう！　結果を文章で説明しよう！

表 11-2　実験結果のまとめ

| ゲル化剤 | 添加物 | | 凝固時間（分） | 破断応力（Pa） | 破断ひずみ（−） | 破断エネルギー（J/m³） | 官能評価（分析型） | | | | | | (嗜好型) |
							透明度	離漿	なめらかさ	甘さ	硬さ	弾力性	総合評価
寒天	A	砂糖 0%（w/w）											
	B	砂糖 15%（w/w）											
	C	B＋レモン汁											
	D	B＋牛乳											
ゼラチン	A'	砂糖 0%（w/w）											
	B'	砂糖 15%（w/w）											
	C'	B'＋レモン汁											
	D'	B'＋牛乳											

測定機器：（　　　　　　　）　ロードセル：（　　　　　　　）　プランジャー：（　　　　　　　）
圧縮ひずみ：（　　　　　　　）　圧縮速度：（　　　　　　）　試料温度：（　　　　　　）　試料サイズ：（　　　　　　　）

〜〜 **Cookery Science** 〜〜〜〜〜〜〜〜〜〜〜〜〜〜〜〜〜〜〜〜〜〜〜〜〜〜〜

寒天・ゼラチンの性状と，砂糖，酸，牛乳の影響を表11-3に示す。

表 11-3　寒天・ゼラチンの性状

	寒天	ゼラチン
原料	紅藻類（テングサ，オゴノリなど）	動物の皮や骨（牛の骨，牛・豚の皮，魚の皮・鱗）
主成分	糖質（多糖類） ガラクトースを基本骨格とするアガロースとアガロペクチン	たんぱく質 コラーゲン
溶解温度	90〜100℃	40〜50℃（50〜60℃湯せん，直火で加熱しない）
ゲル化濃度	0.5〜1.5%（粉寒天0.5%は角寒天1.0%とほぼ同じゲル強度）	2〜4%
凝固温度	室温（28〜35℃）	要冷蔵（5〜10℃）
融解温度	室温で安定（85℃以上）	夏期に崩れやすい（20〜25℃）
砂糖の影響	砂糖濃度が高いほど，凝固温度，融解温度，透明度，ゲル強度が高くなる 砂糖濃度が高いほど，離漿が抑えられる	—
酸の影響	添加時の温度が高いほど，ゲル強度が低くなる	
	酸にかなり弱い（pH 4.5〜）	酸にやや弱い（pH 4〜）
牛乳の影響	牛乳中の脂肪やたんぱく質がゲルの構造形成を阻害するため，ゲル強度は低くなるが，離漿は抑えられる	牛乳中の塩類の影響により，ゲル強度が高くなる

95

§ 11. 寒天・ゼラチンに関する実験

11-2 ゼラチンのゲル化に及ぼす酵素の影響

目 的

ゲル化剤である寒天（またはカラギーナン）とゼラチンではゲル化の条件が異なる。また，熱帯産果実にはたんぱく質分解酵素が多く含まれているため，ゼラチンゼリー溶液は加熱溶解中に酵素によって低分子化され，冷却してもゲル化しないことがある。そこで，この実験では，たんぱく質分解酵素を含む果実を添加して寒天ゼリーおよびゼラチンゼリーを比較検討する。

理解のポイント！

1．寒天とゼラチンの比較
2．たんぱく質分解酵素の影響
3．寒天ゼリーとゼラチンゼリーの比較

試 料

寒天（またはカラギーナン）2 g，ゼラチン10 g，キウイフルーツまたはパインアップル100 g，砂糖20 g

器 具

ビーカー8個，はかり，メスシリンダー，まな板，包丁，プラスチックおろし器，ビーカー（200 mL），ガーゼ，小鍋，軍手，温度計，大バット，氷

実験方法

❶ ビーカーにA～Hのラベルを貼り，下記のように前処理を行った果実をB～D，F～Hに入れる。

　A，E（コントロール）：果実なし

　B，F（生）：生2切片をすりおろす（ゼラチンまたは寒天（カラギーナン）溶液に入れる直前に行う）

　C，G（加熱処理）：生2切片を沸騰水中で2～3分加熱

　D，H（果汁）：おろし器ですりおろしガーゼでしぼる（200mL ビーカーへ）

❷ ゼラチン溶液の調製：小鍋に蒸留水200 mLを加え，ゼラチン10 gを振り入れて浸漬する。弱火で焦がさないように撹拌し，ゼラチンを溶かす（65℃）。

　寒天（カラギーナン）溶液の調製：小鍋に蒸留水200 mLを加え，寒天（またはカラギーナン）2 gを入れて浸漬する。火にかけて，焦がさないように撹拌し，寒天を完全に煮溶かす（90℃以上）。

❸ ❷に砂糖10 gを加えて溶かしゼラチン溶液は30℃，寒天（カラギーナン）溶液は60℃まで冷ます。

❹ ❶で準備したA～Dのビーカーに❸のゼラチン溶液を，E～Hに寒天溶液をそれぞれ40 mLずつ加えて混ぜる。氷水を入れたバットに入れて冷やす。

❺ コントロール（A，E）が固まったら取り出し，観察する。また，ゼラチンゼリーと寒天（またはカラギーナン）ゼリーの口ざわりを比較（官能評価）する。

96

§11-2 ゼラチンのゲル化に及ぼす酵素の影響

結果 あらかじめ凝固する（ゲル）か凝固しない（ゾル）か予測しておこう！

表11-4 ゼリーとたんぱく質分解酵素

	A	B	C	D
処理	コントロール	生	生加熱処理	果汁
溶液	ゼラチン溶液	ゼラチン溶液	ゼラチン溶液	ゼラチン溶液
観察 ゲル or ゾル	実際（　　） 予想（　　）	実際（　　） 予想（　　）	実際（　　） 予想（　　）	実際（　　） 予想（　　）
官能 評価				

	E	F	G	H
処理	コントロール	生	生加熱処理	果汁
溶液	寒天溶液	寒天溶液	寒天溶液	寒天溶液
観察 ゲル or ゾル	実際（　　） 予想（　　）	実際（　　） 予想（　　）	実際（　　） 予想（　　）	実際（　　） 予想（　　）
官能 評価				

~~~ **Cookery Science** ~~~~~~

　果実にはたんぱく質分解酵素（プロテアーゼ）を含むことが知られている（「§5-3 酵素による肉の軟化」を参照）。これらの果実を生のままゼラチンゼリーに用いると凝固（ゲル化）しないため，あらかじめ果実を加熱して酵素を失活した後に添加する必要がある。

　寒天やカラギーナンなどのゲル化剤は多糖類であるので，たんぱく質分解酵素の影響はなく，寒天ゼリーに生の果実を用いても凝固（ゲル化）する。生の果実を使いたいときには，寒天やカラギーナンなどのゲル化剤を使うとよい。

表11-5 ゼラチンと寒天の特性

	原料	主成分	使用濃度	溶解温度	凝固温度
ゼラチン	動物の皮や骨	たんぱく質	2～4%	40～50℃	5～10℃
寒天	海藻類	多糖類	0.5～1.5%	90～100℃	室温
カラギーナン	海藻類	多糖類	0.5～1.5%	60～100℃	室温

12. 油脂に関する実験

12-1 乳化性に関する実験

目的

　油と水は，攪拌すると混ざったようにも見えても，しばらくすると分離するが，乳化剤の存在下では，エマルションの状態になり，分離しにくくなる。乳化剤がエマルションに及ぼす影響を知る。

　　　理解のポイント！
　　1．乳化剤の役割
　　2．乳化剤の種類によるエマルションの違い

試料

　サラダ油 20 mL，食酢 4 mL，レモン汁 2 mL，2%からし酢 2 mL，卵黄 1 g，自然薯（すりおろしたもの）1 g，0.1%トリトン X，サラダ菜

器具

　目盛り付き試験管（20 mL）7 本，メスシリンダー（10 mL），メスピペット（10 mL），タッチミキサー，ストップウォッチ，ラップフィルム（またはゴム栓），駒込ピペット，スライドガラス，カバーガラス，顕微鏡，分光光度計

実験方法

❶　目盛り付き試験管に表の A から E の 5 種類を配合した材料を加え，ラップフィルム（またはゴム栓）でカバーする。

表 12-1　ドレッシング配合割合

	A	B	C	D	E
食酢（mL）	2			1	1
サラダ油（mL）	4	4	4	4	4
レモン汁（mL）		2			
2%からし酢（mL）			2		
卵黄（g）				1	
自然薯（すりおろしたもの）（g）					1

❷　タッチミキサーで一定時間（30〜60 秒間）攪拌するか，一定回数，激しく振り，乳化の状態を油滴の大きさと分光光度計による吸光度の測定から調べる。

❸　A から E の試験管を攪拌後，試験管立てに置き，それぞれの試験管から駒込ピペットでスライドガラスに 1 滴ドレッシングを乗せ，できるだけ広げてからカバーガラスをし，顕微鏡で油滴の大きさの観察を行う。

　　また，採取した 0.1 g のドレッシングに 0.1%トリトン X を 49.9 g 加え，500 倍希釈した試料を分光光度計にて波長 500 nm で吸光度を測定する。吸光度が大きいほど，乳状であり，安定したエマルションであることを示している。

❹　残りのドレッシングは試験管立てに置き，30 分後，❸と同様に油滴の大きさの観察と分光光度計による吸光度の測定を行う。

§12-1 乳化性に関する実験

❺ サラダ菜にそれぞれのドレッシングをかけ，官能評価の結果からそれぞれのドレッシングの特徴を把握し，サラダ菜に合うドレッシングを選択する。

結 果

表 12-2 乳化状態

乳化の状態	A	B	C	D	E
油滴の大きさ					
吸光度 攪拌直後					
30 分後					

表 12-3 ドレッシングの特徴

	A	B	C	D	E
ドレッシングの特徴					
サラダ菜に合うドレッシングの順位					

Cookery Science

　エマルションとはコロイド（1～100 μm 程度の粒子が気体，液体，固体に溶けないで細かく分散している状態のこと）の一種であり，液体中に他の液体の細かい粒子が分散して乳状になっているもののことをいう。油と水ではエマルションはできないが，両者のなかだちをする「乳化剤」が存在すると乳状になる。

　油の粒子が小さいほど，エマルションは安定である。

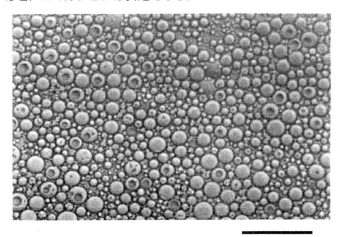

$100 \mu m$

図 12-1 顕微鏡によるエマルションの観察
丸い粒子は油滴

13. だし汁に関する実験

13-1 種々の和食だし汁の調理法と風味

目 的

だし汁は材料中のうま味成分を抽出したもので，和食調理に欠かせない。和風だし汁の材料には昆布，かつお節，煮干しなどがあり，材料によってうま味成分や風味が異なる。複数のだし材料を組み合わせる混合だしを用いることもある。実験では各種和食だし汁の抽出方法を知り，だし汁のうま味や風味の特徴を理解する。また，混合だしにおけるうま味の相乗効果を確認する。

理解のポイント！
1. 各種和食だし汁の抽出方法とうま味や風味の特徴
2. うま味の相乗効果

試 料

かつお節 13.5 g，昆布 13.5 g，煮干し（頭と腹わたを除く）18 g，グルタミン酸ナトリウム 0.45 g

器 具

ビーカー（500 mL，300 mL），鍋，試飲用プラスチックカップ（小），塩分濃度計，ストップウォッチ

実験方法

❶ 試料調製を行う。

A. かつおだし　一番だし（300 mL）

水 300 g を 500 mL ビーカーに入れ加熱する。沸騰したら，かつお節 9 g を加えて 1 分間沸騰継続後火からおろす。そのまま 3 分間静置後，上澄み液を布巾でこす。こしとられただしに水を加えて液量を 300 mL に調整する。

B. かつおだし　二番だし（150 mL）

水 150 g を 300 mL ビーカーに入れ，A のだしがらを加える。火にかけ，3 分間沸騰させたら，火からおろして 3 分間静置後，上澄み液を布巾でこす。こしとられただしに水を加えて液量を 150 mL に調整する。

C. 昆布だし（300 mL）

昆布 9 g の表面を乾いた布巾で拭き，切り込みを入れる。

水 300 g と昆布を 500 mL ビーカーに入れ，30 分間浸漬する。火にかけ沸騰直前に取り出した後，水を加えて液量を 300 mL に調整する。

D. 混合だし（300 mL）

水 300 g と昆布 4.5 g を 500 mL ビーカーに入れ，C と同様に沸騰直前に昆布を取り出す。続いてかつお節 4.5 g を入れ，A と同様に抽出し布巾でこす。こしとられただしに水を加えて液量を 300mL に調整する。

E. 煮干しだし（600 mL）

§ 13-1　種々の和食だし汁の調理法と風味

水 600 g を鍋に入れ，頭と腹わたを除き半身に裂いた煮干し 18 g を加えて 30 分間浸漬する。火にかけ 3 分間沸騰させて火からおろす。上澄み液を布巾でこす。こしとられただしに水を加えて液量を 600 mL に調整する。

　F．うま味調味料のだし（300 mL）

　　熱湯 300 g にグルタミン酸ナトリウム 0.45 g を溶かす。

❷　だし汁の塩分測定を行う：A～F の塩分濃度を塩分濃度計で測定する。

❸　だし汁の特徴を評価する：A～F のだし汁を湯せんで 60℃ にする。A，B，C，D，E，F 各 150 mL を用いて，調味は行わずに液の色，香り，味の特徴を評価する。残りの A，C，D，F には塩分濃度が 0.6% になるように食塩を加えて同様に味わう。

❹　煮干しだし汁を用いた汁物の比較：E を 150 mL ずつビーカー 3 個にとりわけ，それぞれ食塩，しょうゆ，みそを加えて塩分 0.6% となるように調味する。香り（魚臭），総合的な好ましさについて順位法による官能評価を行う。

[結　果]

❶　各種和食だし汁の味わいの特徴とうま味成分をまとめよう。

表 13-1　各種だし汁の特徴

	調味前の だし汁塩分（%）	主なうま味成分	調味前だし汁の試飲所見			0.6%塩分に調味後 の試飲所見
			色	香り	味	
A．かつおだし（一番だし）						
B．かつおだし（二番だし）						―
C．昆布だし						
D．混合だし						
E．煮干しだし						―
F．うま味調味料のだし						

ポイント☞　調味前のだし汁の塩分を知ろう。だし汁のうま味を意識して味わってみよう。
　　　　　　うま味の相乗効果について理解しよう。だしの香り，風味などの特徴をつかもう。

❷　調味料の異なる煮干しだしの汁物を評価しよう。

表 13-2　調味料の異なる煮干しだしの汁物の官能評価結果（順位法）

	魚臭の強い順	総合的に好ましい順	気づいたこと
食塩による調味			
しょうゆによる調味			
みそによる調味			

ポイント☞　みその役割について考えてみよう。

[考　察]　結果から考えてみよう！

・各種和食だし汁の特徴をふまえ，適している料理を考えてみよう。
・実験に用いた材料以外のだし材料とうま味成分についてまとめよう。
・中華だし，洋風だしの抽出方法を調べ，和風だしの抽出方法との違いについて考えてみよう。

〜〜〜 [Cookery　Science] 〜〜〜〜〜〜〜〜〜〜〜〜〜〜〜〜〜〜〜〜〜〜〜〜〜〜〜〜〜〜〜〜〜〜〜

　うま味はアミノ酸系のうま味物質と核酸系のうま味物質に大別され，両方のうま味物質が共存するとうま味が著しく増強される。これをうま味の相乗効果といい，調理材料の組み合わせにはうま味の相乗効果を利用したものが多い。

101

14. 飲み物に関する実験

14-1 緑茶の入れ方—緑茶の種類と適する浸出条件

目 的

緑茶には玉露，煎茶，番茶，ほうじ茶などの種類があり，それぞれの茶葉に適した浸出温度や時間がある。実験では煎茶と玉露について，浸出条件の異なる茶汁の色，香り，味を調べ，各々の茶葉に適した浸出条件を理解する。

理解のポイント！
1. 浸出条件の異なる茶汁の色，香り，味
2. 茶葉に適した浸出条件

試 料

煎茶 9 g × 3，玉露 12 g × 2

器 具

ビーカー（500 mL，300 mL），湯せん用鍋，茶こし，試飲用プラスチックカップ（小），温度計

実験方法

❶ 3個の500 mLビーカーに熱湯（95～100℃），80℃，60℃の湯を300 mLずつ用意する。それぞれに煎茶9 gを入れ，アルミホイル等でふたをして1分間浸出する。

❷ 浸出液を茶こしで濾して，300mLビーカーにとる。

❸ 玉露の場合は，2個の500 mLビーカーに80℃と60℃の湯を各300 mL用意し，それぞれ玉露12 gを入れてふたをして，2分間浸出した後，浸出液を茶こしで濾す。

❹ 浸出液の入ったビーカーを湯せん用鍋に入れて液の温度を60℃くらいにそろえた後，試飲カップに注ぐ。

　　　注意！　カップに入れる際は，ビーカーを静かにガラス棒でかき混ぜ，液を均質にしてから注ごう。

❺ 浸出液の色，香り，味（渋味，甘味，うま味）について比較し，所見を記入する。

結 果

❶ 浸出条件の異なる煎茶の評価

表14-1　煎茶の官能評価結果（順位法）

浸出時間	浸出温度	色の濃い順	香りの強い順	渋味の強い順	甘味の強い順	うま味の強い順	総合的に好ましい順	その他気づいたこと
1分	熱湯							
	80℃							
	60℃							

※　順位を記入しよう

§14-1 緑茶の入れ方―緑茶の種類と適する浸出条件

❷ 浸出条件の異なる玉露の評価

表14-2 玉露の官能評価結果（2点比較法）

浸出時間	浸出温度	色の濃い方	香りの強い方	渋味の強い方	甘味の強い方	うま味の強い方	総合的に好ましい方	その他気づいたこと
2分	80℃							
	60℃							

※ 該当する方に○をつけよう

考察 結果から考えてみよう！

❶と❷の結果から、それぞれの茶葉に適した抽出条件を考えよう。一般的な緑茶の入れ方を調理書で調べて確認してみよう。

煎茶と玉露の呈味成分（**表14-3**）と浸出条件による呈味成分の溶出割合（**図14-1**）を参考にして、玉露と緑茶の入れ方の違いの理由を考えてみよう。

~~~ Cookery Science ~~~

茶汁中のタンニン（カテキン類）は渋味、カフェインは苦味を呈する。また、アミノ酸のうちテアニンは日本茶のうま味の主成分であり、他にグルタミン酸やアスパラギン酸などのうま味成分も含まれる。茶葉によって各呈味成分の含量は異なる（表14-3）。また、呈味成分によって浸出温度や時間による溶出量は異なる（図14-1）。

表14-3 玉露、煎茶の一般化学成分含量（乾物中）

茶の種類	等級	全窒素(%)	カフェイン(%)	全遊離アミノ酸(mg/100g)	テアニン(mg/100g)	粗タンニン(%)
玉露	上級	6.31	4.04	5,360	2,650	10.78
	中級	5.48	3.10	2,730	1,480	13.40
煎茶	上級	5.48	2.87	2,700	1,280	14.70
	中級	5.35	2.80	2,180	1,210	13.30

資料：池ヶ谷賢次郎「茶の化学成分とその含有量」村松敬一郎編『茶の科学』朝倉書店、1991、p.85、表4.1を一部改変

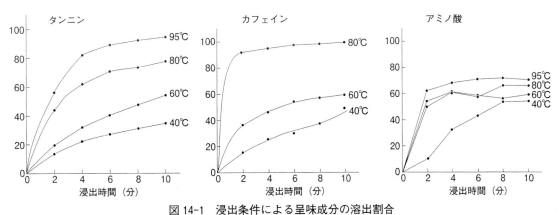

図14-1 浸出条件による呈味成分の溶出割合

資料：池田重美ら「煎茶の浸出条件と可溶成分との関係」『茶業研究報告』37、1972、pp.69-78を一部改変

15. 食品の物性に関する実験

15-1 テクスチャー測定

目 的

　テクスチャー測定は咀嚼時の現象を模した測定機器であり，テクスチャー特性（硬さ，凝集性，付着性）は，食品を食べたときの感覚とよく対応している。

理解のポイント！

　1. 食感の異なる食品のテクスチャー特性（硬さ，凝集性，付着性）

試 料

　全粥（米1に対して水5の割合で炊く），七分粥（米1に対して水7の割合で炊く），五分粥（米1に対して水10の割合で炊く）など，水分量の異なる粥を準備する。

機 器

　レオメーター（テクスチュロメーター）

実験方法

❶　えん下困難者用食品の試験方法を参考にして，粥試料のテクスチャー測定を行う。

❷　粥試料を直径40 mm，高さ20 mmの容器に，高さ15 mm充填する。

❸　粥は温かい状態で喫食する食品なので，粥試料の温度を 20 ± 2℃および45 ± 2℃に保温し測定する。

❹　直径20 mm，高さ8 mmの円柱状プランジャーを用いて，圧縮速度10 mm/s，クリアランス5 mm（圧縮率66.7%）に設定し，2回圧縮測定をする。

❺　テクスチャー曲線より，硬さ，凝集性，付着性などのテクスチャー特性値をそれぞれ求める（「§ 18-1，**図18-3**テクスチャー曲線」を参照）。

結 果　結果を表にまとめよう！

表15-1　水分量の異なる粥のテクスチャー特性値

	硬さ（N/m²）	付着性（J/m³）	凝集性
全粥（20 ± 2℃）			
全粥（45 ± 2℃）			
七分（20 ± 2℃）			
七分（45 ± 2℃）			
五分（20 ± 2℃）			
五分（45 ± 2℃）			

〰〰〰 **Cookery Science** 〰〰〰〰〰〰〰〰〰〰〰〰〰〰〰〰〰〰〰〰〰〰〰

❶　硬さは，硬さの程度を表し，値が大きいほど試料の硬さは硬いことを示す。凝集性は，試料のつまり具合，食品内部の結合力を示し，値が大きいほどまとまりがよいことを示している。付着性は試料を歯で嚙んだときの付着度を示し，値が大きいほど付着性が大きいことを表している。

❷　ゲル化剤濃度の異なるゼリーでは，寒天濃度が高くなると，硬さの値が大きくなる傾向にある。

§15-1 テクスチャー測定

水分量の異なる粥では，水分量の少ないほうが，硬さ，付着性が高くなる傾向にある。

❸ 厚生労働省が定めた「えん下困難者用食品許可基準」では，許可基準Ⅰ〜Ⅲの規格値にテクスチャー特性による硬さ，付着性，凝集性の範囲が決められている。参考として表 15-2 に示す。

表 15-2　えん下困難者用食品許可基準

規格	許可基準 Ⅰ	許可基準 Ⅱ	許可基準 Ⅲ
硬さ （N/m²）(*)	$2.5 \times 10^3 \sim 1 \times 10^4$	$1 \times 10^3 \sim 1.5 \times 10^4$	$3 \times 10^2 \sim 2 \times 10^4$
付着性 （J/m³）	4×10^2以下	1×10^3以下	1.5×10^3以下
凝集性	0.2〜0.6	0.2〜0.9	—
常温および喫食の目安となる温度のいずれの条件であっても規格基準の範囲内であること	均質なもの（たとえば，ゼリー状の食品）	均質なもの（たとえば，ゼリー状またはムース状などの食品）。ただし，許可基準Ⅰを満たすものを除く。	不均質なものも含む（たとえば，まとまりのよいお粥，やわらかいペースト状またはゼリー寄せ等の食品）。ただし，許可基準ⅠまたはⅡを満たすものを除く。

（*）一定速度で圧縮したときの抵抗

資料：厚生労働省「特別用途食品の表示許可等について」食安発第 0212001 号，2009

❹ レオメーター（テクスチュロメーター）により，破断特性やテクスチャー特性が測定できる。

（1）破断特性

破断とは，食品に力（圧縮，ずり，伸長など）を加えると，変形し，ついに目で見える程度の大きさに割れ目が生じ，2 つ以上に分離する現象である。一般に，一定速度で試料を圧縮する定速圧縮測定がよく行われている。

（2）テクスチャー特性

破断特性の定速圧縮測定では 1 回の圧縮により測定を行うが，テクスチャー特性の測定では，人の咀嚼運動を模して，2 回の圧縮を繰り返して測定を行う。プランジャーの運動方法は測定機器により異なり，円弧状の上下運動，正弦運動，定速上下運動などがある。

§ 15. 食品の物性に関する実験

15-2 粘度測定

目 的

食品を手でかき混ぜる，食品を飲み込むなどの嚥下時において，食品の物性を認識する。食品の流動時の物性測定として，粘度測定について理解する。

理解のポイント！

1. 液状食品の粘度（粘性率）の測定方法

回転粘度計測定

試 料

マヨネーズ，ケチャップ，コンデンスミルク，10%でんぷん糊液などを準備する。でんぷん糊液は，蒸留水にでんぷんを撹拌し，撹拌しながら90℃まで加熱し，糊化でんぷん液を準備する。

器 具

B型回転粘度計またはE型回転粘度計，トールビーカー，ガラス棒，温度計

実験方法

❶ B型回転粘度計は，回転円筒（ローター）と試料容器の間隔が広く，試料量は多く必要となる。試料はローターの浸液印のところまで浸されていることが必要で，試料容器は，粘度計に取り付けられる枠（ガード）が入る大きさがなければならない。試料は200 mLのトールビーカー中に用意するとよい。E型回転粘度計は，ローターと試料容器の間隔が狭いので，1回の試料量は少なくてすむ。

❷ 粘度計にローターを取り付け，試料液中で回転させて測定する。試料の粘度が未知の場合は，ローターの番号の小さいほうから大きいほうへ変えて，測定に適するローターを決める。回転は低速から高速になるように，回転回数を順次変えて測定する。

❸ マヨネーズ，ケチャップ，コンデンスミルクを測定する場合，室温にしばらくおいて，温度を安定させてから測定する。でんぷん糊液は温度により差がでてくるので，20℃，60℃など試料温度を一定に保持してから測定する。

❹ 回転回数を変えて測定した結果を，横軸に回転回数，縦軸にみかけの粘性率をとり，グラフを書いてみる。

結 果 結果を図にまとめよう！

§15-2 粘度測定

Cookery Science

❶ 粘性について，ずり応力 S（Pa）（ずり流動面に作用する応力）がずり速度 $\dot{\gamma}$（s⁻¹）（ずり方向の単位距離当たりの速度変化，つまり速度勾配）に比例するニュートンの法則があり，次式で示される。$S = \eta\dot{\gamma}$

ここで，比例定数 η（Pa・s）が粘性率であり，流れにくさを表す。ニュートンの法則に従う流体をニュートン流体，ニュートンの法則に従わない流体を非ニュートン流体と呼ぶ。ニュートン流体は粘性率が一定である。非ニュートン流体では，ずり速度の変化に伴い粘性率が変化するので，みかけの粘性率 η_{app} という。非ニュートン流動のずり応力 S とずり速度 $\dot{\gamma}$ は次式で示される。$S - S_y = k\dot{\gamma}^n$

ここで k は $\dot{\gamma} = 1$（s⁻¹）のみかけの粘性率を表す粘稠性係数，n はずり速度の依存性を示す流動性指数，S_y は流動を起こさせるのに要する最小の応力である降伏応力である。非ニュートン流動には，図 15-1 のとおり，ずり粘稠化流動であるダイラタント流動（例：でんぷん懸濁液），ずり流動化流動である擬塑性流動（例：でんぷん糊液，練乳），降伏応力以上の応力で流動する塑性流動（例：マヨネーズ，ケチャップ，ホワイトソース），塑性流動のひとつであるビンガム流動（例：プディング）がある。また，図 15-1 のほかに，時間依存性のチキソトロピー（撹拌・振とうにより流動化するが静置すると流動しにくい状態に戻る現象，例：マヨネーズ）やレオペクシー（非球形粒子の懸濁液に振動を加えるとゲル化が促進される現象，例：石膏と水のペースト）もある。

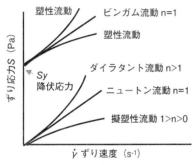 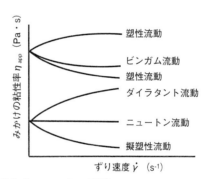

図 15-1　ニュートン流動と非ニュートン流動

❷ 非ニュートン流動を示す食品は多くみられ，多糖類，たんぱく質などの高分子液状食品，サスペンション，エマルションなど多成分多相系の液状食品がある。

❸ でんぷん糊液は，回転速度が高くなるとみかけの粘性率が低くなるずり流動化流動を示す。

16. 官能評価

16-1 方法および実施にあたっての注意

目 的

　官能評価とは，人間の五感の感覚を価値判断の尺度として食品の味，香り，硬さ，おいしさなどを評価する検査方法をいう。

　調理学実験では，調理の過程における食品の性状変化をできる限り科学的に把握し，よりよい食べ物を調製するために，種々の測定機器を用いて物理的あるいは化学的な客観的数値をとらえている。食べ物の総合評価や嗜好性を判断するには，実際に人が食べたときの評価が重要であるため官能評価が必要不可欠となる。信ぴょう性が高い官能評価を得るための実施方法を学ぶ。

　理解のポイント！
　1．官能評価実施にあたってのパネル（パネリスト，評価者）の構成
　2．官能評価実施にあたっての環境
　3．評価方法

倫理的配慮 § 17-1 参照

　近年，人を対象とした研究は，生理的計測や侵襲を伴わなくてもヘルシンキ宣言の精神に則った十分な倫理的配慮が必要とされる。そのため，所属組織などの倫理審査委員会にて原則承認をえる。特に，評価者には，参加について，官能評価の内容やリスクを十分に説明した上で自由意志による参加の同意を文書で得ること（インフォームドコンセント）。

パネルの構成

・分析型パネル：分析型官能評価のためのパネル
・嗜好型パネル：嗜好型官能評価のためのパネル
・感覚研究のためのパネル：人間の生理的な閾値の測定や心理的な偏りを観察するためのパネル
　官能評価の目的により，必要なパネルの人数は異なる（**表 16-1**）。

表 16-1　パネルの人数

パネルの種類	人数
差の検出パネル	5〜10
嗜好調査パネル	
大型パネル	200〜20,000
中間パネル	40〜200
感覚研究パネル	
研究室の場合	8〜30
市場調査の場合	100〜200,000

資料：日本フードスペシャリスト協会編『新版
食品の官能評価・鑑別演習（第3版）』建
帛社，2009，p.18

環 境

　再現性のある評価を得るためには，パネリスト（評価者）の生理的・心理的な条件と検査環境の

§16-1 方法および実施にあたっての注意

整備・試料調製の管理が必要になってくる。

・生理的・心理的な条件

　　ストレスにより注意力が散漫になり，正常な判断ができにくくなるため精神的，身体的にストレスがないときに実施する。疲労も判断に影響を与えるため，1回に提示する試料数の制限や，短時間での検査を心がける。

・評価環境の整備

　　評価室の環境として望ましい条件がある（表16-2）。

表16-2　官能評価室の望ましい条件

室温	20〜23℃
湿度	50〜60%
照明	部屋全体の明るさ　200〜400ルクス 色を比較するような場合の検査台1,000ルクス
音	40ホーン以下が望ましい
換気	換気扇などで臭気や食品のにおいをできるだけ排除する

資料：日本フードスペシャリスト協会編『新版 食品の官能評価・鑑別演習（第3版）』建帛社，2009，p.22

[評価方法]

　　評価方法として，実施時間，容器，試料の温度，試食の量，提示順，試食順，試食方法で気をつけなくてはならないことがある（表16-3）。

　　手法には，比較して選ぶ，順位をつける，評点をつける，特性を記述するなどがある。

表16-3　評価方法

実施時間	空腹でも満腹でもない時間を選択する（たとえば午前10時，午後2時）。検査の30分前は喫食しないように注意する。
容器	容器の影響を避けるために基本的には色がついていないものを選択する。
試料の温度	検査対象の食べ物を実際に食べるときの温度での試食が望ましいので，その温度が維持できるように工夫する。
試食の量	一口で試食ができる量
提示順	先に試食をした試料を過大評価する傾向になるなど，試食の順序が評価に影響を及ぼすことから（順序効果），試食の順序（提示の順序）を変えて，先に試食をする試料の回数を同じにする。
試食順	提示されている試料の左側から順次試食をする。
試食方法	検査のはじめと試料と試料の間に口をゆすぐための水（水道なら塩素を取り除くために湯冷ましにしたもの）を準備する。

16-2 2試料の差異を判定する方法

2つの試料間の差の有無を判定する方法。

(1) 2点識別試験法

どちらが甘いか，どちらが硬いかなど，客観的差異のある特性について比較し，妥当な方を判断させる。

例）砂糖濃度が異なる（例10％，15％）寒天ゼリーの甘さの違いを識別できるかを検討する（パネル15名）。

[試 料]

10％砂糖濃度の寒天ゼリー（寒天濃度1％）と15％砂糖濃度の寒天ゼリー（寒天濃度1％）を調製。それぞれ容器または提供用トレーにS・Tの記号をつける。このとき，記号と試料の組合わせを固定するのではなく，S・Tの記号が2種類の寒天ゼリーの提供数のそれぞれ半分ずつになるようにセットする。

容器やトレーにつける記号はランクなどをイメージするA・Bや1・2，心理的に影響する4（死を連想）や9（苦しいを連想）など記号効果が現れる可能性のあるものは避ける。

[質問用紙]

[提 供]

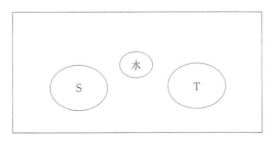

[結 果]

| 10％が甘い（誤答）＝3 | 15％が甘い（正解）＝12 |

[解 析]

巻末表1（2点識別試験法に用いる検定表）よりパネル数（n）を選び（今回は15），選択数が検定表の数（危険率5％の場合は12，危険率1％の場合は13）以上なら有意差ありと判定する。したがって，今回は「15％砂糖濃度の寒天ゼリーと10％砂糖濃度の寒天ゼリーの砂糖濃度の違いは5％危険率で有意に甘いと識別できた」と判断する。

§16-2 2試料の差異を判定する方法

(2) 2点嗜好試験法

好ましさ（客観的な差異のない特性）を比較して，妥当な方を判断させる方法で，検査方法は(1)と同様。

(1)の例の場合，質問表は「SとTを比べて，あなたが好ましい甘さはどちらですか。○をつけてください」となる。

回答の集計結果について，2点嗜好試験法に用いる検定表（**巻末表2**）を，(1)と同様に使って，有意差の有無を判定する。

(3) 3点識別試験法

2種類の試料（例10%砂糖濃度，15%砂糖濃度）を比較するために，どちらか一方を1個，ほかを2個（例：10・10・15%，10・15・15%ほか）の合計3個を提示し，そこから異なる1個（端数試料）を選ばせる方法。位置効果を避けるために端数試料がいつも同じ位置にならないようにする。

解析は3点識別試験法に用いる検定表（**巻末表3**）を用い，解析する。

[質問用紙]

> 日付　　　　　　　　氏名
>
> S　T　Uの3種類の試料のうち，異なる試料に○をつけてください。（S　T　U）

[提 供]

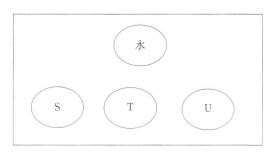

§ 16. 官能評価

16-3 順位法

n 個の試料を比較し, 特性の強弱や嗜好度について順位をつける方法。

順位法では試料の絶対的評価は得られないが, 初心者や簡単に試料間の比較を行うときに用いる。

試　料

4 種類のハンバーグ（A 副材料なしのハンバーグ, B 牛乳に浸したパン粉が入ったハンバーグ, C 炒めたたまねぎが入ったハンバーグ, D 炒めたたまねぎと牛乳に浸したパン粉が入ったハンバーグ）について, 香りが好ましいものを 1 位とし, 試料間に有意差があるかを調べる（パネル 30 名）。

試料につける記号や配置についての注意は識別法と同様。

質問用紙

日付			氏名	

S　T　U　V の 4 種類のハンバーグについて, 香りが好ましいと思うハンバーグを「1」として「2」, 「3」, 「4」と順位を記載してください。

試料	S	T	U	V
順位				

試料の配膳は配置表のようにパネルごとに異なるように配慮する。

結　果

・集計

試料＼パネル	A	B	C	D
a-1	4	3	2	1
a-2	3	4	2	1
a-3	4	3	1	2
a-4	3	4	1	2
・				
・				
・				
a-28	4	1	2	3
a-29	1	3	2	4
a-30	4	3	2	1
順位合計	81	97	58	62

配置表

配膳記号	S	T	U	V
試料	A	B	C	D
	B	C	D	A
	C	D	A	B
	D	A	B	C

・検定

Newell & MacFarlane の順位法のための検定表（**巻末表 4**）を用いて, 2 種類の試料の順位に差があるかを順位合計により検定する。

表から試料数（t）4, パネル数（n）30 の場合, 2 種類の試料の順位合計の差が 26 以上あるときに危険率 5% にて試料間に有意差があると判断する。

❶ 合計を値の大きい方から並べる。

97（B）　81（A）　62（D）　58（C）

B と A では差が 16 で有意差がないので, B と A は同じグループと判定でき, アンダーラインを引く。

112

§ 16-3　順位法

　　97（B）　81（A）　62（D）　58（C）

❷　次に A と D では差が 19，A と C では差が 23 で，いずれも有意差がないので，ADC を同じグループと判定し，アンダーラインを引く。

　　97（B）　81 A 62（D）　58（C）

❸　同じグループは同じアルファベットをつける。

　　97（B）　81 A 62（D）　58（C）
　　　　　　　　a　　　　　　　　　b

❹　試料にアルファベットをつけて整理する。

　　97^a　　81^{ab}　　62^b　　58^b

A	B	C	D
81^{ab}	97^a	58^b	62^b

考察

　結果から，ハンバーグに炒めたたまねぎを入れる（C，D）と香りがよくなる効果があることがわかった。

~~~ Cookery Science ~~~

　食品会社などは商品開発の手段として官能評価を用いる。たとえば，しょうゆメーカーでは，しょうゆの品質を官能評価により「塩味が強い」「まろやかさやうまみが強いが塩味が弱い」から分類し，地域に用いられているしょうゆはどの部類に区分されるかを明らかにすることで，地域の販売促進につなげている。この場合，しょうゆの成分分析も合わせて行うことで官能評価との関係をより明確にしている[1]。

注
1）キッコーマンホームページ（https://www.kikkoman.com/jp/quality/research/about/functional/feature.html）

§16. 官能評価

16-4 評価法

　評点法は，パネルの経験を通して，食品の品質特性について数値尺度を用いて，評価する方法。パネルは優れた評価能力を有する人が実施する方法。

　評点の尺度には，5点評価（－2〜＋2）法，7点評価（－3〜＋3）法などがある。

　解析は分散分析や多重比較法などにより解析を行う。多変量解析が用いられることもある。

[試　料]

　3種類のハンバーグ（A 副材料なしのハンバーグ，B 牛乳に浸したパン粉が入ったハンバーグ，C 炒めたたまねぎが入ったハンバーグ）について，香り，味の濃さ，硬さについて検討する（パネル10名）。

　試料につける記号や配置についての注意は識別法と同様。

[質問用紙]

> 　3種類(S　T　U)のハンバーグについて，香りの良さ，味の濃さ，硬さについて，下の判定基準に従って評点を表に記載してください。

非常に悪い	悪い	やや悪い	ふつう	やや良い	良い	非常に良い
または弱い	弱い	やや弱い		やや強い	強い	非常に強い
または柔らかい	柔らかい	やや柔らかい		やや硬い	硬い	非常に硬い
－3	－2	－1	0	＋1	＋2	＋3

項目　＼試料	S	T	U
香り			
味の濃さ			
硬さ			

[結　果]

パネル　＼試料	A	B	C
a-1	-1	0	1
a-2	0	-1	1
a-3	-1	0	3
a-4	0	-1	3
a-5	-1	2	1
a-6	-2	-1	2
a-7	1	2	-2
a-8	-3	-1	1
a-9	-3	-1	3
a-10	-1	-3	3

　香りの良さを例に説明をすると，

114

§ 16-4 評点法

・集計

香りの良さの結果を**表 16-4** に整理する。

・解析

❶ 試料とパネルを要因として分散分析法によって検定をする（二元配置の分散分析）。

❷ 分散分析表にまとめる（**表 16-4**）。

❸ F 表（**巻末表** 5）を用いて試料間に有意差があるかを検定する。

試料の自由度（ϕ_1）と誤差の自由度（ϕ_2）から F 分布表の数値を読み取り，分散比がその数値から大きいときに，有意差がある。

表 16-4　香りの良さについての分散分析の結果

要因	平方和	自由度	平均平方（分散）	F 値
試料	39.267	2	19.633	7.154
パネル	8.3	9	0.922	
誤差	49.4	18	2.744	

すなわち，試料の分散比が 19.633 で，F 値（2，18：危険率 1%）= 6.01 より大きいため「ハンバーグの間には 1% 危険率で有意に差が認められた」と判定する。

すなわち，ハンバーグへの添加物の種類は香りの良さに影響を与えると判断できる。

❹ 同様にパネルの自由度（ϕ_1）と誤差の自由度（ϕ_2）に相当する F 表の数値とパネルの分散比を比較し，パネル間に有意差があるかを検定する。

❺ さらに Tukey の多重比較法*（スチューデント化された範囲 8 による検定），どの試料（1.A，2. B，3. C）の間に香りに有意に違いがあるか検定を行う。各試料の平均値の差の絶対値を求める。スチューデント化された範囲 8 の検定表にて，試料数と誤差の自由度に相当する値よりも各平均値の差の絶対値が大きければ，その試料間に有意差がある。結果は以下の通りである。

(I)　factor1	(J)　factor1	平均値の差 (I-J)
1（A）	2（B）	-0.7
	3（C）	-2.700*
2（B）	1（A）	0.7
	3（C）	－ 2
3（C）	1（A）	2.700*
	2（B）	2

＊ $p < 0.05$

これより 1（A）と 3（C）に危険率 5% で香りの良さに有意差があることが判定でき，たまねぎを加えることでハンバーグの香りが有意によくなると判断できる。

*多重比較法：独立した 3 群以上の群間の平均値について統計的有意差を検定する方法。いくつもの手法があるため，実験内容によって適切に選択する。

17. 人を対象とする調査

17-1 調査手順

(1) 倫理委員会による調査の承認

　人を対象にした研究（官能評価も含まれる）は，世界医師会（World Medical Association）総会にて承認されたヘルシンキ宣言（1964年承認，2013年改訂）の精神に則り，「人を対象とする医学系研究に関する倫理指針」（平成26年文部科学省・厚生労働省告示第3号）等を遵守して行われたもので，倫理審査委員会等の審査で承認されたものとする必要がある。したがって，研究を行う際には，研究機関の倫理委員会の規約や申請様式に沿っての申請が必要である。これは特に個人情報の漏洩などが配慮されているかなどの審査が行われる。

　論文として公表する場合には，倫理委員会の承認を得たことを承認番号とともに記載する。

(2) 調査依頼

❶　調査依頼書の作成

　以下の内容を含む依頼書を作成する。

・調査目的

・調査実施者名

・調査が倫理審査委員会の審査の認可を得ていることを明記

・データを外部に流出しないこと，研究以外の目的には使用しないこと，個人が特定されるような公表の仕方はしないこと，を記載

❷　同意書の作成

　同意書の例を**図17-1**に示す。依頼者からの同意日と氏名を記載した同意書を受け取り，調査への協力を得る。

同意書

調査依頼者（調査実施者名）殿

　私は「幼児期における子供の嗜好性に関する調査（調査名の例）」に関する研究の趣旨を理解し，子供の食生活（例）の調査に協力することに同意します。

同意日　　年　　月　　日
氏名（協力者名のサイン）

図17-1　同意書の例

§ 17-3 調査例

17-2 調査方法

(1) 調査内容・結果の分析

調査方法として対面式による聞き取り法や，調査用紙に自分で記載する自記式アンケート法などがあるが，調査の目的や結果の解析方法などを明確にした上で調査内容を精査する。

たとえば，地域の食生活，食材，料理などの食文化についての調査などを行う場合，明らかにしたいことは何か，結果をどのように整理し，解析を行うのかなども，調査の前に決めておく。

(2) 調査時の注意事項

複数の人が調査を実施する場合，調査者個人の判断によって聞き方などによって異なる結果となるため，調査にあたってあらかじめガイドラインを作成する。ガイドラインは類似の調査があるならば，そのガイドラインを参考にする。

たとえば，食文化に関するものとしては，日本調理科学会での「次世代に伝え継ぐ　日本の家庭料理」の調査では，日本調理科学会特別研究調査ガイドラインが作成され，ここでは，1) 聞き書き調査とは，2) 聞き書き調査の対象者，3) 聞き書き調査の準備，4) 聞き書き調査内容および報告書の作成などが，共有化されている。

(3) 調査結果を協力者に報告する

協力のお礼とともに，調査実施者名は，結果の報告書を協力者に示す。

17-3 調査例

文化庁地域文化創成本部が実施した生活文化調査を参考に例として示す[1]。

(1) 目　的

大学生がどのようなことを「日本の食文化」としてとらえ，また，継承・発展させていくべきと考えているかを明らかにし，今後の日本の食生活について考える。

(2) 調査方法

1) アンケート調査
2) 調査対象：15歳から79歳の男女1,000名
3) 調査期間：5月から6月
4) 設問内容
❶　あなたは食に関する様々なことの中から，あなたが「日本の食文化」だと思うものを教えてください。
❷　❶であげた様々なことの中から，「日本の食文化」として，あなたが子供たちに伝えたいものを教えてください。
5) 検討事項と分析
生活文化調査を参考にし，作成した以下のデータ（**表17-1**）をもとに説明を行う。

§ 17. 人を対象とする調査

表 17-1　食に関する様々なことの中で「日本の食文化」だと思う分野（回答人数）

食に関する事項	寿司，天ぷら，蕎麦など，庶民食をルーツに持つ日本料理	会席料理など，料亭で食べるような日本料理	各地で食べられてきた郷土料理	正月の雑煮など，年中行事と結び付いた料理	和菓子	日本茶（煎茶）	日本茶（抹茶）	日本酒	食事作法	和食器	駅弁
全体（名）	792	640	600	384	328	288	238	204	180	148	140

資料：文化庁地域文化創成本部が実施した生活文化調査（2018年）のデータを改変

検討①：どのような食に関することがらを日本の食文化と考えているか。

分　析：それぞれの食に関することがらについて単純計算により回答人数を全回答人数で割り，回答率を算出する（表17-2）。

表 17-2　食に関する様々なことの中で「日本の食文化」だと思う分野（回答率）

食に関する事項	寿司，天ぷら，蕎麦など，庶民食をルーツに持つ日本料理	会席料理など，料亭で食べるような日本料理	各地で食べられてきた郷土料理	正月の雑煮など，年中行事と結び付いた料理	和菓子	日本茶（煎茶）	日本茶（抹茶）	日本酒	食事作法	和食器	駅弁
全体（名）	792	640	600	384	328	288	238	204	180	148	140
（％）	20.1	16.2	15.2	9.7	8.3	7.3	6.0	5.2	4.6	3.8	3.6

単純計算をしたものを棒グラフなどにする（図17-2）。

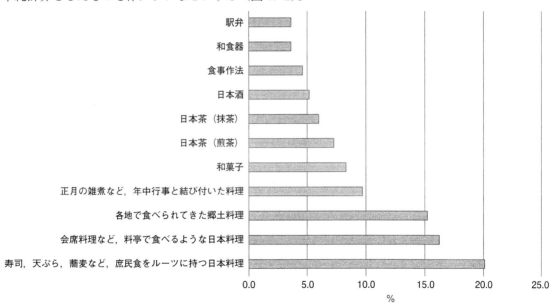

図 17-2　食に関する様々なことの中で「日本の食文化」だと思う分野

考　察

考　察：グラフなどから考察をする。

「寿司，天ぷら，蕎麦など，庶民食をルーツに持つ日本料理」が20.1％で1位，「会席料理など，料亭で食べるような日本料理」が16.2％で2位に，「各地で食べられてきた郷土料理」が15.2％で

§ 17-3 調査例

3位，となっており，これら3分野が「日本の食文化」として認識されている割合が大きい。

検討②：年齢や居住地区により日本文化の考えや伝承したい日本文化の内容に違いがあるのか。

分析1：年齢別，居住地区別にデータを整理する（**表 17-3**，**表 17-4**）。

表 17-3　年代別でみた違い

食に関する事項	寿司，天ぷら，蕎麦など，庶民食をルーツに持つ日本料理	会席料理など，料亭で食べるような日本料理	各地で食べられてきた郷土料理	正月の雑煮など，年中行事と結び付いた料理	和菓子	日本茶（煎茶）	日本茶（抹茶）	日本酒	食事作法	和食器	駅弁	
10 代	120	110	80	36	60	48	40	28	24	32	16	594
20 代	120	110	80	60	40	48	34	32	24	28	16	592
30 代	120	110	80	60	48	40	34	32	28	24	16	592
40 代	120	110	80	60	48	40	34	32	28	16	24	592
50 代	120	80	110	60	48	40	34	28	24	16	32	592
60 代	120	80	110	60	48	40	34	32	28	16	24	592
70 代	72	40	60	48	36	32	28	20	24	16	12	388
全体	792	640	600	384	328	288	238	204	180	148	140	3942
（％）	20.1	16.2	15.2	9.7	8.3	7.3	6.0	5.2	4.6	3.8	3.6	100.0

表 17-4　居住地区別でみた違い

食に関する事項	寿司，天ぷら，蕎麦など，庶民食をルーツに持つ日本料理	会席料理など，料亭で食べるような日本料理	各地で食べられてきた郷土料理	正月の雑煮など，年中行事と結び付いた料理	和菓子	日本茶（煎茶）	日本茶（抹茶）	日本酒	食事作法	和食器	駅弁	
政令市	198	160	150	96	89	67	60	42	54	37	35	988
県庁所在地	198	160	150	96	89	67	60	54	42	37	35	988
その他市部	198	160	150	96	88	67	60	54	42	37	35	987
都部（町村）	198	160	150	96	62	87	58	54	42	37	35	979
全体	792	640	600	384	328	288	238	204	180	148	140	3942

多変量解析の主成分分析（SPSS を使用）によって，年齢による違いを調べる。主成分分析は数多くの項目の類似を調べ，総合的な評価を行う場合に用いる。今回は，年齢間（居住地区）の日本文化への考え方の違いを総合的に評価することを目的とする。

❶　主成分の寄与率（**表 17-5**）から，主成分によってもどのデータの情報のうち，どれくらい説明できるか評価する。

表 17-5　寄与率

成分	寄与率	累積寄与率
1	47.406	47.406
2	29.236	76.642
3	12.951	89.593
4	7.862	97.456
5	2	99.455

119

§ 17. 人を対象とする調査

❷ 累積寄与率（**表 17-5**）が 80％以上を基準として主成分を選択する。今回のデータでは成分 1，2，3 で説明できる。

表 17-6　成分行列

	成分		
	1	2	3
寿司，天ぷら，蕎麦	0.963	0.254	0.017
会席料理など	0.897	-0.11	0.365
郷土料理	0.484	0.639	-0.506
年中行事	0.067	0.866	0.37
和菓子	0.76	-0.234	-0.388
日本茶（煎茶）	0.84	-0.392	0.039
日本茶（抹茶）	0.899	-0.34	-0.236
日本酒	0.831	0.392	0.381
食事作法	0.255	0.594	0.464
和食器	0.533	-0.788	0.184
駅弁	0.333	0.728	-0.544

❸ 選択した主成分（今回は成分 1，2，3）の意味を理解する。

成分行列（**表 17-6**）から，成分 1 は「日本食」，成分 2 は「行事，イベント」，成分 3 は「食事作法」であると推定できる。

❹ 主成分得点（**表 17-7**）を求め，成分 1 を X 軸に，成分 2 を Y 軸とし，散布図を作成し，年代別の傾向を推定する（**図 17-3**）。

表 17-7　主成分得点

	成分 1	成分 2	成分 3
10 代	1.56478	-1.47635	0.22913
20 代	0.51394	0.49138	-0.88245
30 代	0.23097	1.0081	-0.6726
40 代	-0.03546	0.94671	0.08914
50 代	-0.29209	-0.49609	1.7065
60 代	-0.22201	0.57185	0.94197
70 代	-1.76014	-1.0456	-0.9542

120

§17-3 調査例

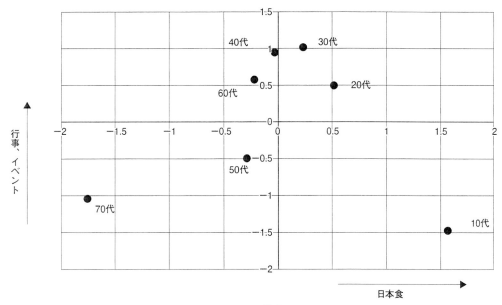

図17-3 散布図

　これより，若い人は食文化を日本食としてとらえるが，年とともに食としてとらえるのではなく，行事としてとらえる傾向にあることが推定できる。

　居住地区の違いについても年齢の違いと同様に分析・考察を行うことができる。

注
1) 文化庁地域文化創成本部事務局「平成30年度生活文化調査研究事業報告書」(https://www.bunka.go.jp/tokei_hakusho_shuppan/tokeichosa/seikatsubunka_chosa/pdf/r1414723_01.pdf)

18. 測定機器

食べ物のおいしさの評価には，「人」による「主観的評価」である官能評価と，「機器測定」による「客観的評価」がある。

客観的評価に用いる測定機器の一部を紹介する。いずれの機器も，測定の意義・原理を理解し，測定条件を整えて正しく利用することで，再現性があり信頼性の高い数値データを得ることができる。ただし，機器測定の結果は必ずしも官能評価とは一致しないため，官能評価と機器測定を目的に応じて組み合わせて行うとよい。

18-1 レオメーター（テクスチュロメーター）

測定の意義・原理

食品の「テクスチャー」は，手で触れたときの触覚や，口中で感じられる食感の総称である。硬さ，粘り，付着性，もろさ，舌ざわり，歯ごたえ，なめらかさ，口どけ，のどごし，飲み込みやすさなどがあり，食品の組織や構造などに由来する物理的性質（物性）が関与する。また，咀嚼・嚥下の過程における経時的な変化が影響する。

テクスチャーは人の主観的な感覚であるが，官能評価との対応が判明している経験的・模擬的な測定機器を用いることによって，客観的に評価することができる。また，咀嚼・嚥下との関連について明らかにしたい場合は，客観的評価と主観的評価の中間的な評価に位置する生体計測を組み合わせて評価するとよい。

レオメーター（テクスチュロメーター）（図 18-1）は，大変形である調理動作（切る，伸ばすなど）や咀嚼の動作を模倣した，模擬的な測定機器のひとつである。レオメーターによる「破断特性」と「テクスチャー特性」の測定については「§ 15-1 テクスチャー測定 Cookery Science 」を参照する。

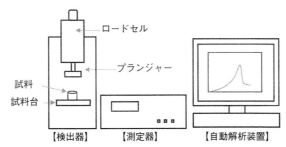

図 18-1　レオメーター（テクスチュロメーター）

測定・解析方法（破断特性の定速圧縮測定とテクスチャー特性の測定について）

(1) 目的に応じて，測定条件を決める。測定条件は測定値に影響するため，同一実験において統一する。

❶ 試料の大きさ：大きさが測定値に影響する寸法効果がある。大きいものは壊れやすい。表面積 $4〜9\,cm^2$，高さ $1.5〜2.5\,cm$ 程度が測定しやすい。

❷ 試料の形：形が測定値に影響する形状効果がある。応力集中の偏りやすい形のものが壊れやすい。ゼリーなど試料の形状を調製できる場合は，円柱形だと応力の偏りが少なくてよい。粥などゾル状の試料は，試料容器に入れて測定するが，試料の厚さが特性値に影響するので，試

§18-1 レオメーター（テクスチュロメーター）

料容器内の高さを一定にする。
- ❸ 試料と測定環境の温度：温度依存性があるため，想定する条件に応じて決め，一定に保つことが望ましい。
- ❹ 試料数：食品内部の目に見えない不純物やきずなどの作用を受ける構造敏感性があり，極めて不確定要素の多い確率的現象であるため，測定値のばらつきが大きくなる。したがって，多くの測定数を確保する。また，得られた測定値は統計処理して比較検討する。
- ❺ ロードセル：ロードセル（荷重センサー）によって測定できる荷重・応力と感度が異なるため，測定試料に応じたロードセルを選択する。
- ❻ プランジャー：さまざまな大きさ・形状がある（直径の異なる円柱型，くさび型，円錐型，ワイヤー型，ナイフ型など）。想定したい条件に応じて選択する。円柱型を用いる場合は，通常，試料の表面積よりも面積の大きいプランジャーを用いる。また，プランジャーの形状により，試料との接触面積が異なってくるので，同一実験においては同形状のプランジャーを選ぶ。
- ❼ ひずみ量：試料の高さの何％までプランジャーで圧縮するか決める。
- ❽ 圧縮速度：時間あるいは圧縮速度依存性があるため，圧縮速度を決める。

(2) 試料の高さを測定する。
(3) 機器マニュアルに従って，破断特性もしくはテクスチャー特性の測定を行う。
(4) 特性値を求める。結果をまとめる際には，測定条件を必ず明記する。
- ❶ 破断特性の場合

  破断時（破断点）の応力（Pf）である「破断応力（Pa）」（Pa ＝ N/m²），破断点のひずみ（εf）である「破断ひずみ（−）」，破断点までの応力−ひずみ曲線の下側の面積 S によって求めることができ食品の強靭さを表す「破断エネルギー（J/m³）」などを求める（図18-2）。
- ❷ テクスチャー特性の場合

  テクスチャー曲線より，テクスチャー特性値「硬さ（Pa）」，「凝集性（−）」，「付着性（J/m³）」などを求める（図18-3）。硬さは，食品の硬さと対応し，第1ピークの高さ H から求める。凝集性は，食品内部の結合力を示し，第2ピークの面積 A_2 を第1ピークの面積 A_1 で除して求める。付着性は，付着する性質を示し，第1ピークに続く負の方向の面積 A_3 で求める。

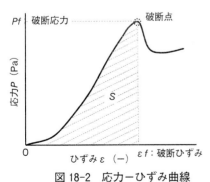

図18-2 応力−ひずみ曲線
S：破断点までの応力−ひずみ曲線の下側の面積

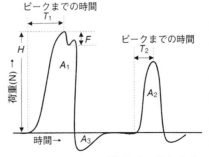

図18-3 テクスチャー曲線

18-2 粘度計

液体の流動に対する内部抵抗を粘性という。食品の粘性はテクスチャーと関連し，毛細管粘度計や回転粘度計などのさまざまな粘度計によって粘度（粘性率）を測定できる。

(1) オストワルド粘度計
測定の意義・原理

オストワルド粘度計（図 18-4）は，毛細管粘度計のひとつである。水，シロップ，植物油など，比較的粘性率の低いニュートン流体の粘度測定に用いる。液体が毛細管部を流下する時間が液体の粘性率に比例する原理に基づき，標準液の流下時間と比較して相対的に粘性率を求める。標準液には，蒸留水やショ糖溶液などを用いる。

液体の粘性率に応じて，毛細管部の直径が異なるものを用いる。測定誤差を少なくするために，B～C 間の流下時間が 2～3 分間になる太さのものを選択する。また，粘性率は温度の影響を受けるので，恒温水槽中で測定を行う。

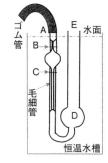

図 18-4 オストワルド粘度計と測定装置

測定方法

① オストワルド粘度計は，内部をよく洗浄，乾燥させておく（アスピレーターを用いて，洗剤で洗浄後，水洗し，蒸留水を通したあとアセトンを通し，ドライヤーで乾燥する）。恒温水槽は，温度を 20℃ または 25℃ の一定にしておく。

② E から一定量（10 mL）の標準液あるいは試料をホールピペットで入れ，D に満たし，A にゴム管をつけ，B が恒温水槽中に入るようにホルダーで垂直に固定する。

③ 15 分程度で温度平衡に達した後，A のゴム管で D の液体を B 線の少し上まで吸い上げ，ゴム管をピンチコックで押さえて止める。このとき気泡が混入しないように注意する。

④ ピンチコックをゆるめ，液面が B 線から C 線まで流下する時間をストップウォッチで測定する。3 回測定を繰り返し，平均値を求める。

⑤ 次式より，試料の粘性率を算出する。

$$\frac{\eta s}{\eta c} = \frac{ds \cdot ts}{dc \cdot tc}$$

ηs：試料の粘性率（Pa・s），ds：試料の密度（kg/m³），ts：試料の流下時間（s）
ηc：標準液の粘性率（Pa・s），dc：標準液の密度（kg/m³），tc：標準液の流下時間（s）

(2) 回転粘度計
測定の意義・原理

回転粘度計は，ローター（回転子）の回転によって液体に一定のずり速度を与え，ずり応力の時間的な変化を測定して流動特性を求める。ローターの形によって，共軸二重円筒型，単一円筒型（B 型），コーン・プレート型（E 型）などがある（図 18-5）。ここでは，一般によく使用されている B 型回転粘度計（Brookfield 型粘度計）について述べる。

§ 18-2 粘度計

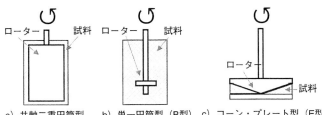

a) 共軸二重円筒型   b) 単一円筒型（B型）   c) コーン・プレート型（E型）
図 18-5　回転粘度計の種類

　B 型回転粘度計（図 18-6）は，円筒形のローターを液体中に入れ，モーターによって一定速度で回転させて，ローターが液体から受ける粘性抵抗トルクを測定する。ローターの回転数はずり速度に，粘性抵抗トルクはずり応力に対応する。モーターによって目盛板とローターは同じ速度で回転するが，ローターが液体から受ける粘性抵抗のトルクとつり合う角だけスプリングがねじれる。このねじれ角は液体の粘性率に比例するため，ローターに指針をつけてスプリングのねじれ角を目盛板上で読み取ることによって，粘性率を求めることができる。

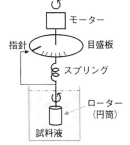

図 18-6　B 型回転粘度計 模式図

　ニュートン流体および非ニュートン流体に利用できる。また，低粘度用（BL 型），中粘度用（BM 型），高粘度用（BH 型）があり，それぞれに数種類のローターと回転数の切り替え装置が付いている。

測定方法

❶ ローター，試料：B 型回転粘度計では，ローターと試料容器の間隔が広く，試料量は多くなるが，試料が均質な状態を得にくい場合には適している。ローターの浸漬印まで浸漬できる十分な量のなるべく均質な試料をトールビーカーに用意する。E 型回転粘度計では，ローターと試料容器の間隔が狭く，試料量は少なく測定誤差は少ない。試料中に夾雑物があると異常値を示すので，均質な試料が求められる。

❷ 回転数：低回転数から高回転数で測定するなど，測定目的により条件を設定する。回転数からずり速度に換算できる。

❸ 測定温度，時間：室温よりも高い測定温度の場合は，水分蒸発を防ぐ工夫をする。食品成分の時間的変化の影響を小さくするため，測定時間は短時間に行うことが望ましい。温度によりみかけの粘性率は異なってくるので，試料容器を恒温水槽につなぎ，測定温度を一定に保つようにする。

❹ ローターを試料中に浸漬し，回転させる。測定値が安定したら指針値を読み取る。ローターの種類と回転数によって決まる換算乗数の値を乗じてみかけの粘性率を算出する。縦軸をみかけの粘性率，横軸を回転数とした図を作成する。

18-3 測色色差計

測定の意義・原理

食品の「色」は，色合いの感覚を与えない白色光（約 380～780 nm の波長の光である可視光線の集合体）が，食品の表面で反射，または食品中を透過し，その際に一部の波長の光が吸収されて残った波長の光の集合体である。視覚を通じて脳で認識され，心理的な面からおいしさに影響を与える。

色の感じ方は照明や見る方向の違い，個人差など，つまり「光」と「人（目）」の条件によって微妙に変わる抽象的で主観的なものであるが，CIE（国際照明委員会）やJIS（日本産業規格）が規定している方法に基づいて，色を客観的かつ正確に測定し数値化することができる。測色色差計（図 18-7）による測定は，物理測色法である刺激値直読法による測定のひとつであり，三刺激値を直接測定する。

図 18-7 測色色差計
資料：日本電色工業『Color Meter ZE 6000 仕様書』日本電色工業，年不明，p.3

(1) 光と色

可視光線は波長の長い方から赤・橙・黄・緑・青・菫・紫の色合いに見える。光の三原色は赤・緑・青であり，三色光の混合比によってほぼすべての色が表される。

色は「色相」（色合い），「明度」（明るさ），「彩度」（鮮やかさ）で表現される。

(2) 光と目の標準化

色を客観的かつ正確に測定するために，光と人の目の標準として，標準イルミナント・補助イルミナントおよび標準観測者が CIE によって規定されている。

❶ 標準イルミナント・補助イルミナント

光源の規定である。刺激値直読法では一般的に，標準イルミナント D65 か補助イルミナント C のどちらかで測定する。いずれも昼光の代表である。D65 の D は Daylight の頭文字で，65 は色温度 6,504 K を表す。C は色温度 6,774 K である。

❷ 標準観測者（等色関数）

目の規定が標準観測者であり，等色関数という。等色関数は，目が光の三原色を見分ける感覚（センサー）の感度を波長ごとに表したもので，$\bar{x}(\lambda)$，$\bar{y}(\lambda)$，$\bar{z}(\lambda)$ で表される。$\bar{x}(\lambda)$ が赤，$\bar{y}(\lambda)$ が緑，$\bar{z}(\lambda)$ が青のセンサーを反映している。等色関数は視野の大きさに影響されるため，2° および 10° 視野が規定されている。

(3) 色の数値化

❶ 三刺激値 X, Y, Z

等色関数 $\bar{x}(\lambda)$，$\bar{y}(\lambda)$，$\bar{z}(\lambda)$ と，光源の分光分布，その光源によって照明される物体の分光反射率分布の積和計算によって，各センサーの受けた刺激を X, Y, Z（三刺激値）でそれぞれ数値表現できる。

色を数値などで表現するシステムのことを表色系という。さまざまな表色系があるが，三

刺激値 X, Y, Z はすべての表色系の基準として扱われており，$L^*a^*b^*$ 表色系など多くの表色系の色彩値は三刺激値 X, Y, Z からの演算により算出される。

❷ $L^*a^*b^*$ 表色系（CIE1976, JIS Z 8781-4）（図 18-8）

現在最もよく使われている表色系である。L^* は明度を表す。0～100 の値で，0 は黒，100 は白を示す。a^*, b^* は色相と彩度を表す。値が大きいほど彩度が高くあざやかで，値が小さいほどくすんだ色になる。a^* は＋ほど赤みが強く，－ほど緑みが強い。b^* は＋ほど黄みが強く，－ほど青みが強い。また，2 つの試料間の色の違いである「色差」を ΔE^*ab で表す。それぞれの測定値を (L_1^*, a_1^*, b_1^*), (L_2^*, a_2^*, b_2^*) とすれば，$\Delta E^*ab = \sqrt{(\Delta L^*)^2 + (\Delta a^*)^2 + (\Delta b^*)^2}$，ただし，$\Delta L^* = L_2^* - L_1^*$, $\Delta a^* = a_2^* - a_1^*$, $\Delta b^* = b_2^* - b_1^*$ である。

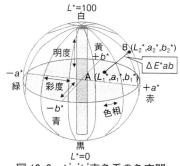

図 18-8　$L^*a^*b^*$ 表色系の色空間

$L^*a^*b^*$ 表色系は必ずしも目で見る色と同じではない。

(4) 刺激値直読法（図 18-9）

光源から発せられ，試料に反射または透過した光が，目に対応する等色関数に近似した分光応答度特性を持つ 3 つのセンターによって分光され，マイクロコンピューターで読み取れるデジタル信号に変換される。マイクロコンピューターが三刺激値 X, Y, Z の値を演算し，各表色系で数値表示される。

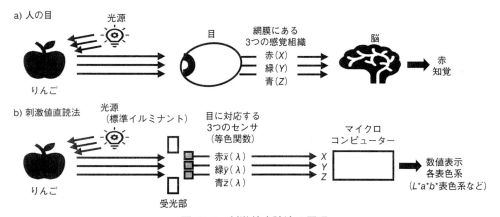

図 18-9　刺激値直読法の原理

[測定方法]

測定条件を決め，機器マニュアルに従い，おおむね以下の手順で測定を行う。

❶ 測定条件の設定：光源，視野などの条件を目的に応じて設定する。
❷ ゼロ校正：ゼロレベルを調整する。
❸ 白色校正：白色校正板を用いて反射率値を校正する。
❹ 測定：丸いセルに試料を入れるか，そのまま反射試料台の上にのせ，測定する。試料の状態や温度などの環境条件は一定にする。直接測定された X, Y, Z 値から L^*, a^*, b^* 値が得られる。また，標準試料の L^*, a^*, b^* 値から ΔE^*ab 値が測定できる。

18-4 塩分濃度計

測定の意義・原理

食品の食塩濃度の測定により，食塩摂取量の把握や，塩味の評価などを行うことができる。

食塩濃度の測定法には，沈殿滴定法（モール法），電位差滴定法，イオン電極法，炎光光度法，試験紙法など多くの方法がある。これらの方法は，塩化物イオン（Cl^-）またはナトリウムイオン（Na^+）を定量し，それをもとに食塩濃度（塩化ナトリウム濃度）が演算して求められる。また，それ以外の測定法には，屈折率測定法，導電率測定法などがある。いずれの方法も，カリウム（K）などの共存成分や食塩に由来しないNaやClの存在，pH，温度などの影響によって誤差が大きくなり，必ずしも塩化ナトリウム量を正しく求められるとは限らないことに注意が必要である。

市販されている多くの塩分濃度計は，イオン電極法や導電率測定法を用いており，手軽に測定できる。また，屈折率測定法による塩分濃度計も簡便に使用できる。ここではこれらを紹介する。

(1) イオン電極法による塩分濃度計（コンパクトイオンメーター）（図18-10）

コンパクトイオンメーターは，イオン電極法によるコンパクト型の塩分濃度計である。少量の試料を滴下するだけで測定ができる。塩化物イオンを定量するものと，ナトリウムイオンを定量するものがあり，多くはナトリウムイオンを定量するナトリウムイオン電極法を用いている。

ナトリウムイオン電極法では，試料中のナトリウム量に対応してイオン電極と比較電極間の電位が変化し（イオン電極と比較電極は一体化した複合電極となっているものが多い），その電位の変化が食塩濃度として表示される。測定濃度範囲が広いことが特徴である。試料のpHはできるだけ中性付近に調整する。

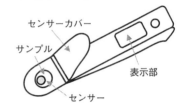

図18-10　イオン電極法による塩分濃度計（コンパクトイオンメーター）

(2) 導電率測定法による塩分濃度計（デジタル塩分濃度計など）（図18-11）

溶液の電気伝導度を測定し，それをもとに食塩濃度が算出される。電気伝導度は，溶液中に存在するすべての電解質（イオン）の影響を受けるため，食塩以外の電解質が含まれる場合，実際の食塩濃度よりも高い測定値が示される。したがって，同組成の溶液濃度の高低の確認に用いるとよい。また，粘性の高い液体や固形物の食塩濃度は測定できない。

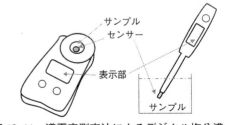

図18-11　導電率測定法によるデジタル塩分濃度計

(3) 屈折率測定法による塩分濃度計（塩分濃度屈折計）（図18-12）

溶液の屈折率から食塩濃度を光学的に測定する。食塩水や同組成の溶液濃度の高低を確認するには簡便な方法である。共存成分として有機酸や糖類などが含まれる場合，高い測定値が示される。塩分濃度屈折計には食塩水濃度の重量％が目盛り付けされている。

§ 18-4　塩分濃度計

測定方法

　機器マニュアルに従い，おおむね以下の手順で測定を行う。

(1) 適用範囲の確認

　測定誤差を最小限にするため，使用する測定法・機種の適用範囲を確認し，測定条件を整える。測定濃度範囲，センサーやプリズムの取扱い，試料のpH，温度，安定時間，などについて確認する。一般に，センサー部を傷つける有機溶媒，油，アルコール類，強酸（pH 0〜2），強アルカリ（pH 12〜14）などの測定は避ける。また，多くの機器は自動温度補正機能（「§ 18-5 糖度計（3）手持屈折糖度計」を参照）を備えており，その適用範囲内であれば影響はないが，できるだけ常温で測定するとよい。

(2) 校　　正

　塩化ナトリウム標準溶液で指示値を校正する。

(3) 測　　定

《イオン電極法の場合》

❶　試料が液体の場合：センサー部に2〜5滴を滴下し，測定する。

❷　試料が固体または固体と水分が共存している場合：固体や固形物中に含まれるイオンを水に抽出してから測定を行う。具体的には，一定量の固体試料に一定量の水を加え攪拌する。この水溶液について測定する。

《導電率測定法の場合》

❶　センサー部に溶液を2〜5滴ほど滴下する。もしくは，溶液にセンサーを浸す。

❷　測定キーを押すと，食塩濃度が表示される。

《屈折率測定法の場合》

　「§ 18-5 糖度計」の手持屈折糖度計と同じ要領で測定し，食塩濃度値を読み取る。

(4) 測定値の解釈

　測定条件や試料の性質（共存成分など）による影響を考慮する。

18-5 糖度計

測定の意義・原理

(1) 意義と Brix 値

食品の糖度の測定により，糖の摂取量や甘味の評価などを行うことができる。糖度は「Brix 値」すなわち，20℃のショ糖溶液の重量％に相当する値で示される。ただし，Brix 値では，溶液中に含まれるすべての水溶性固形分の濃度が示される。つまり，糖以外の水に溶ける塩類，たんぱく質，酸，アルコールなどの濃度も反映されるため，糖以外の成分が多く含まれていると数値が高くなる。また，甘味を呈する成分には，糖質・非糖質含めさまざまなものがあり，同量でも Brix 値は異なり，甘さの質も異なる。したがって，Brix 値は必ずしも糖の摂取量や甘味とは一致しないことに注意が必要である。

(2) 糖度計の種類

糖度を簡便に測定する機器には，屈折糖度計（アナログ式・デジタル式）と非破壊糖度計がある。屈折糖度計では，食品を切ったり絞ったりして試料に用い，溶液の屈折率から光学的に測定する。非破壊糖度計では，食品を傷つけずそのまま試料に用い，表面に近赤外線を照射してセンサーで測定する。ここでは以下，アナログ式の屈折糖度計である手持屈折糖度計での測定について説明する。

(3) 手持屈折糖度計（図 18-12）

手持屈折糖度計は，光が空気中から水中に入ると屈折し，溶液中の水溶性固形分が多いほど光の屈折率が大きくなる原理を利用して，溶液の屈折率から Brix 値を測定する。砂糖水や果実，ジャム，ジュースなどの糖度の測定に利用される。

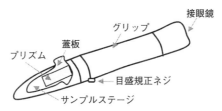

図 18-12　屈折率測定法による手持屈折糖度計

機種により Brix 値の測定範囲が異なる。測定範囲は Brix 値で 0～32％，28～62％，45～82％，58～90％のものが代表的である。測定の用途に適したものを選択する。

また，屈折率は温度によって変化するため，Brix 値は温度の影響を受ける。そのため，測定値は温度補正をする必要がある。自動温度補正機能が付与されている機種も多い。自動温度補正機能では，温度によって測定値が変動するのと同じように目盛板が自動的に移動し，誤差を打ち消す。自動温度補正は屈折計の温度によって作動するため，試料も屈折計と同一環境の温度下にある場合を想定されている。したがって，加温試料や冷蔵試料はできるだけ常温に戻してから測定する。

測定方法（手持屈折計）

機器マニュアルに従い，おおむね以下の手順で測定を行う。

(1) 適用範囲の確認

機種の測定範囲，自動温度補正の有無などを確認する。試料は常温に戻しておく。

(2) 0%目盛りの規正

❶ なるべく20℃付近の環境で行う。プリズムに汚れや傷がないか確認し，20℃の蒸留水1～2滴をプリズムに滴下し，蓋板を静かに閉じる。蒸留水がプリズム全体に広がっているのを確認する（図18-13）。

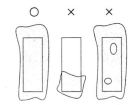

図18-13　プリズム上のサンプルの広がり

❷ 明るい方向を向き接眼鏡を覗く。

❸ 明暗の境界線が0%に一致していることを確認する。一致していない場合は，付属ドライバーで目盛規正ネジを左右に回して目盛りを規正する。

(3) 測　定

❶ プリズム上の蒸留水を拭き取り，20℃の試料溶液1～2滴をプリズムに滴下し，蓋板を静かに閉じる。溶液がプリズム全体に広がっていることを確認する。

❷ 明るい方向を向き，接眼鏡を覗く。

❸ 目盛り上の明暗の境界線からBrix値を読み取る。強く濁った試料や着色した試料では，視野が暗くなって境界線が不鮮明になることがある。このような場合は太陽の直射光や，顕微鏡用の照明装置などの明るい光源を利用するとよい。

❹ 測定後は，やわらかいペーパータオルに水を含ませてプリズムをきれいに拭き，さらに乾いたペーパータオルで水分を完全に拭き取る。水の中に入れたり，流水中で洗うと故障の原因になるので注意する。

(4) 測定値の解釈

共存成分などによる影響を考慮する。

18-6 pH メーター

測定の意義・原理

(1) pH と意義

pH は，水溶液の水素イオン濃度 $[H^+]$（mol/L）の常用対数の逆数であり，酸性（pH < 7）・アルカリ性（pH > 7）の程度を表す。

$$pH = \log 1/[H^+] = -\log[H^+]$$

食品の pH はさまざまだが，多くの食品の pH は弱酸性から中性付近である。pH は味に影響し，人は弱酸性のものを好みやすいことが知られている。また，食品の色，香り，物性などの特性は，pH の影響を受けて変化することが多いため，調理過程で pH を制御することによって好ましい状態に仕上げることができる。さらに，pH は微生物の繁殖ともかかわるため，食品の発酵や品質保持においても重要である。したがって，食品や調理過程の pH の測定によって，嗜好性の評価や品質管理を行うことができる。

(2) pH の測定方法

❶酸性と塩基性を大別するリトマス試験紙，❷簡易に pH 値を知る pH 試験紙，❸正確な pH 値を測定できる pH メーターを用いる方法がある。ここでは以下，pH メーターでの測定について説明する。

(3) pH メーター

pH メーターは，おもにガラス電極法により電気的に pH を測定する。すなわち，ガラス電極と比較電極の 2 つの電極を介して電位差を測定し pH を求める。ガラス電極と比較電極は一体化した複合電極となっているものが多い。pH の異なる 2 種類の溶液を薄いガラス膜を隔てて接触させると，両液の pH の差に比例した電位差がガラス膜の内側と外側で生じる。ガラス膜内側の内部液に生じる電位をガラス電極で測定し，外側の試料液に生じる電位を比較電極で測定する。この電位差と pH の関係を，あらかじめ pH の分かっている pH 標準液によって求め（校正），測定試料の電位差を測定することで，測定試料の pH を求めることができる。

pH 値は温度の影響を受ける。できるだけ一定の温度で校正と測定を行う。恒温槽や温度補償機能を用いるとよい。

pH メーターには，卓上型，ポータブル型，コンパクト型などがある（図 18-14）。

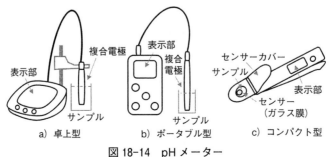

図 18-14　pH メーター

§ 18-6　pHメーター

測定方法（スタンダード型）

機器マニュアルに従い，おおむね以下の手順で測定を行う。

(1) 準　備

❶　比較電極の内部液を十分に入れておく。

❷　ガラス電極は蒸留水に浸してなじませておく。

❸　pHメーターの電源を入れ，安定するまで10分ほど待つ。

❹　ガラス電極の先端を蒸留水で3回以上洗い，やわらかいペーパータオルで吸い取る。

❺　電極，標準液，試料の温度をできるだけ一定にしておく。

(2) 校　正

・測定試料が酸性側と分かっている場合：pH 7，pH 4の2点校正を行う。

・測定試料がアルカリ側と分かっている場合：pH 7，pH 9の2点校正を行う。

・測定試料のpHに見当がつかない場合：pH 4，pH 7，pH 9の3点校正を行う。

❶　pH 7の標準溶液（25℃でのpH値は6.86）に電極を浸し，測定温度に応じたpH値を示すように調整して校正する。電極は，内部液の液面が標準溶液の液面よりも高い位置になるように深く浸す（以降，測定の場合も同様）。

❷　pH 7の標準溶液から電極を引き上げ，蒸留水でよく洗い，やわらかいペーパータオルで吸い取る。

❸　2点校正の場合，pH 4またはpH 9の標準溶液を用い，同様にpH値を校正する。3点校正の場合，pH 4，pH 9の標準溶液で同様にpH値を校正する。

❹　❷と同様にする。

(3) 測　定

❶　試料液に電極を浸し，試料液のpHを測定する。

❷　測定が終了したら，電極を蒸留水でよく洗う。ガラス膜が汚れている場合は，中性洗剤やアルコールなどを含ませたやわらかいペーパータオルなどで汚れを落としてから，蒸留水で洗う。電極が乾燥すると応答が遅くなるため，電極を乾燥させないように蒸留水もしくはpH標準液に浸漬しておく。

§ 18. 測定機器

18-7 温度計

測定の意義・原理

喫食環境や食品の温度はおいしさに影響する。また，調理過程の温度は，微生物の繁殖や食品の変化に影響し，食品衛生や料理の品質を左右する。したがって，喫食環境や食品，調理過程の温度の測定によって，嗜好性の評価や品質管理を行うことができ，適切な調理条件に制御することもできる。

温度計には，接触方式と非接触方式の温度計がある（**表 18-1**）。接触方式では，棒状温度計（水銀温度計，アルコール温度計），バイメタル温度計，熱電対温度計，白金抵抗温度計，サーミスター温度計，非接触方式では，蛍光式光ファイバー温度計，放射（赤外線）温度計がある。ここではサーミスター温度計と放射（赤外線）温度計について紹介する。

表 18-1　温度計の種類と測定範囲

温度計			測定範囲（℃）			特徴
接触方式	液体	水銀	− 30	～	350	液体が温度変化により膨張，収縮する性質を利用
		エタノール	− 100	～	70	
	金属	バイメタル	− 150	～	400	熱膨張の異なる 2 枚の薄い金属板を接着して巻き，膨張率の差を利用
	電気的	熱電対	− 200	～	1400	2 種の異なる金属線を接続して 1 つの回路をつくり，2 つの接点に温度差を与えたときに生じる熱起電力を利用
		白金抵抗	− 200	～	500	白金の電気抵抗が温度により変わることを利用
		サーミスター	− 50	～	350	金属酸化物焼結体（半導体の一種）を抵抗体として利用
非接触方式	蛍光式光ファイバー		− 195	～	450	蛍光体の強度（輝度）が温度に対応することを利用。マイクロ波の影響を受けないので電子レンジに使用可。
	放射（赤外線）		− 20	～	300	測定物体から放射される赤外線の量で温度を測定

(1) サーミスター温度計

Mn（マンガン），Co（コバルト），Ni（ニッケル），Cu（銅），Fe（鉄），Ti（チタン）等の金属の酸化物を混合し焼結したセラミック半導体（＝サーミスター）を抵抗体として利用した抵抗温度計の一種である。同じ温度変化に対して白金抵抗体の 10 倍の抵抗変化を示すので，極めて小さい温度変化を検出できる。− 50～350℃の温度測定に適する。ただし，機種により測定範囲は異なる。

感応部（センサー部）は棒状温度計より小さく熱電対温度計より大きい。サーミスター自体はきめの細かい素焼き状で防湿の必要があるため，金属管や樹脂などで封じ込められている。センサー部の形状は，プローブ型，先丸型，フレキシブルリード型などさまざまな種類がある。また，本体の計測機部はペン型やポータブル型があり，記録計付き装置（データロガー），複数チャンネルデータ収録装置などのタイプもある（**図 18-15**）。ポータブル型の複数チャンネルデータ収録装置タイプでは，棒状温度計に比べ遠隔測定が可能であること，切り替え操作で各所の温度をほぼ同時に測定できることなどが利点である。

§ 18-7 温度計

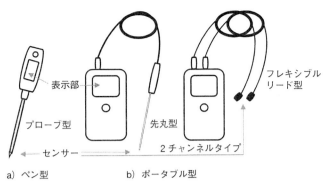

図 18-15 サーミスター温度計

測定方法

❶ 目的に応じた機種やセンサーを選択する。
❷ 機器マニュアルに従い測定する。室温調整，ゼロ点調整の必要なものは，あらかじめ調整しておく。
❸ 食品の中心温度を測定する場合は，センサー部の先端が食品の中心の位置になるようにしっかりと差し込み測定する。ポータブル型を使用する場合，センサー部と本体を接続するコード類は，焦げたり，溶けたりしやすいので，加熱中の取扱いには十分注意する。

(2) 放射（赤外線）温度計

すべての物体は表面から赤外線（約 700 nm～400 μm の波長の光で，可視光線より波長が長くヒトの目では見ることができない）を放射しており，物体の温度が高くなるほど強い赤外線を放射する。放射温度計では，この赤外線をレンズでサーモパイル（物体から放射される赤外線を吸収し，それによって暖められると，温度に応じた電気信号を生じる検出素子）に集光し，増幅して，放射率補正を行い，物体表面の温度を表示する。

非接触かつ高速で温度が測定できるため，移動・回転する物体や，熱容量の小さい物体の温度測定に有効であるが，物体の内部や気体の温度測定はできない。また，物体に合わせて放射率（0～1）の設定が必要である。

放射温度計には，携帯型と設置型がある。また，放射温度計は，正確に温度を測定できる測定距離とスポット径（測定範囲）が決まっている。

測定方法

❶ 使用方法，物体のサイズ，測定距離など，目的に応じた機種を選択する。
❷ 機器マニュアルに従い測定する。物体に応じた放射率を設定する。
❸ スポット径の 1.5 倍程度が物体に収まるようにして測定する（図 18-16）。
❹ 高温物体を測定する場合は，放射温度計本体が熱せられ，正確な温度が表示できなかったり，破損の原因になったりするので，測定に必要な赤外線以外はアルミ等の遮蔽版で遮蔽する。

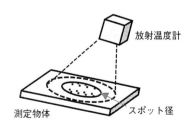

図 18-16 放射（赤外線）温度計の
スポット径と測定物体

§ 18. 測定機器

18-8 顕微鏡

観察の意義・原理

(1) 意 義

　食品の構造は，調理特性やテクスチャーなどの物理的要因に影響を及ぼす。したがって，顕微鏡で視覚的に食品の微細な組織構造を観察することは，調理特性を理論的に把握し，嗜好性を評価するための一助となる。観察結果において，粒子の数，面積などについてコンピュータ画像解析を行うと，視覚的な観察結果だけでなく，客観的な数値データも得ることができる。

(2) 顕微鏡の種類（表 18-2）

　顕微鏡は，光学顕微鏡，電子顕微鏡，その他に分けられ，それぞれいろいろな種類がある。光学顕微鏡では，可視光線，紫外線，レーザー光を照明光線とし，彩色のある像が観察される。電子顕微鏡では電子線を用いるため，鏡筒内は真空に保たれており，電子線の波長は単一であるため，像はモノクロで観察される。

表 18-2　顕微鏡の種類と特徴

顕微鏡の種類			特徴
光学顕微鏡	可視光線	生物顕微鏡	最も一般的な顕微鏡。パラフィンや樹脂に包埋した試料の薄片を染色し，可視光線の透過光により観察する。一般に 40〜400 倍程度の倍率で観察する。倒立像が見える。
		実体顕微鏡	外観，表層の観察をする。6〜60 倍程度の低倍率で観察できるので視野が広い。また，レンズと試料の間隔が十分広いうえに立体的に正立像が見えるので顕微鏡下で作業しやすい。
		位相差顕微鏡	無色透明な生きた細胞や生の組織を染色なしでそのまま観察できる。光の回折と干渉を利用して明暗のコントラストがついた像として見える。
		偏光顕微鏡	偏光板を使用して試料に偏光を照射し，結晶体やミセルを観察する。でんぷん粒の結晶状態や糊化の有無を観察できる（生でんぷん粒では偏光十字が観察され，糊化すると観察されない）。
	紫外線	蛍光顕微鏡	試料のもつ蛍光物質（クロロフィル，カロテノイド，ビタミン A）を観察したり，特定のたんぱく質や糖質を蛍光色素で標識して観察したりする。
	レーザー光	共焦点レーザー顕微鏡	試料を薄切せず生（無固定）の試料を用いても，焦点深度を浅くした鮮明な光学的断層像を観察できる。また，コンピュータ処理して三次元画像（立体像）を構築できる。
電子顕微鏡	電子線	透過型電子顕微鏡（TEM）	試料を超薄切片にして，試料を透過した電子線を結像し観察する。試料を薄切するため，内部構造の観察に適する。二次元画像が見える。数千〜数万倍程度の高倍率で観察する。
		走査型電子顕微鏡（SEM）	試料の表面に反射する電子を結像し観察するため，試料の表面構造や断面構造の観察に適する。三次元画像（立体像）が見える。

観察方法

　目的に応じた顕微鏡を選択し，観察しやすく処理した試料（標本）を適切な条件で観察する。ここでは，生物顕微鏡，透過型電子顕微鏡（Transmission Electron Microscope：TEM），走査型電子顕微鏡（Scanning Electron Microscope：SEM）の標本作製法について概説する。

136

§ 18-8 顕微鏡

(1) 生物顕微鏡観察用の標本作製法（表 18-3）

パラフィン包埋法，樹脂包埋法，凍結乾燥法，凍結切片法がある。

❶ 試料の切り出し

❷ 固定もしくは凍結：食品はやわらかく，そのままでは観察できる薄さの切片を切り出すことができないため，まず，たんぱく質を変性させて組織に硬さを与える物質を染み込ませる（＝固定）か，試料自体を凍結もしくは凍結乾燥して硬くしておく。

❸ 水洗・脱水・包埋：固定後は水洗して固定液を十分に除去し，アルコールなどで脱水したのち，包埋剤を浸透させて固める。

❹ 薄切・伸展：光源が透過しやすいように，包埋した試料をミクロトームで2〜10 μm 程度の厚さに薄く切る。スライドガラスの上にのせて伸展して乾燥させる。

❺ 染色・封入：染色法には，組織の構造を観察しやすくするために行う一般染色法と，組織に含まれる特定の化学成分を選択的に検出する組織化学的染色法がある。染色後，封入剤を用いてカバーガラスをかけて封入する。

表 18-3　生物顕微鏡観察用の標本作製法

パラフィン包埋法	切り出し→固定→ 水洗 →脱水→浸透→包埋→→→→→→→薄切→伸展→→→染色→封入
樹脂包埋法	切り出し→固定→→→脱水→浸透→包埋→重合→→→→→薄切→伸展→→→染色→封入
凍結乾燥法	切り出し→凍結乾燥→→→→→→→包埋→→→→→→薄切→伸展→固定→染色→封入
凍結切片法	切り出し→凍結→→→→→→→→→→→→→薄切→→→→固定→染色→封入

(2) 透過型電子顕微鏡（TEM）観察用の標本作製法

TEM は数千から数万倍程度の高倍率で観察するため，試料の適切な前処理が重要となる。試料の切り出し→固定→脱水→エポキシ樹脂包埋→重合→ウルトラミクロトームで50 μm 程度に超薄切後，カーボン蒸着し観察する。

(3) 走査型電子顕微鏡（SEM）観察用の標本作製法（表 18-4）

SEM は鏡筒内が高真空に保たれているが，含水試料は高真空環境下に入れるとただちに乾燥・変形して観察できない。そのため，高真空 SEM 法，クライオ SEM 法，低真空 SEM 法などにより，適切な標本作製を行う必要がある。

表 18-4　走査型電子顕微鏡（SEM）観察用の標本作製法

高真空 SEM 法	あらかじめ試料を乾燥し，高真空で観察する。表面張力がなるべくかからない乾燥方法がよく，t-ブチルアルコール凍結乾燥法や臨界点乾燥法が行われる。金属を蒸着して導電性を与えた後，観察する。	切り出し→化学固定→脱水→置換→乾燥→金属蒸着→観察
クライオ SEM 法	液体窒素で急速凍結し物理固定した試料を低温のまま高真空で観察する。割断し，試料表面の氷を昇華させて内部構造を露出させるので，内部構造の観察もできる。約4万倍まで観察でき，水分含量の多い食品，ゲル，エマルションなどの観察に便利である。	切り出し→物理固定→クライオ SEM に挿入→氷晶昇華（＋金属蒸着）→観察
低真空 SEM 法	電子線を発する部分は高真空のままで，試料室のみを低真空にして試料の乾燥を防ぐため，生試料を乾燥処理せず，5,000〜1 万倍以下で直接観察できる。	切り出し→クールステージつき低真空 SEM に挿入→観察

18-9 比重計

測定の意義・原理

　比重とは，ある物質の密度（＝単位体積あたりの質量）と，標準物質の密度との比であり，相対密度ともいう。通常，液体や固体では，標準物質として4℃，1 atm = 1.01325 × 10⁵Pa（標準大気圧）下の水が用いられる（水の密度は4℃において最大）。

　　ある物質の密度＝ A（g/cm³）
　　標準物質（4℃，1 atmの水）の密度＝ 0.99997（g/cm³）≒ 1.0（g/cm³）
　　ある物質の比重（d）＝（ある物質の密度）／（標準物質の密度）≒ A（－）

　密度には単位があり，国際単位系（SI）ではkg/m³，cgs単位系ではg/cm³で表されるが，比重は密度の比であるから単位のない無名数（無次元数）である。
　cgs単位系での密度と比重はほぼ同じ値となる。密度と比重は混同されやすいが，密度はある物質の詰まり方の程度を表す物体固有の値（温度や圧力によって変化はする）であるのに対し，比重は標準物質の水と比べた密度比である。比重が1よりも大きい物質は水に沈み，1よりも小さい物質は水に浮く。したがって，ある物質が水に浮くか沈むかの判断では，密度ではなく比重を指標とするのがふさわしい。
　液体の比重の測定には，比重計（浮き秤り），比重びんなどが用いられる。

(1) 比重計（図18-17）

　標準比重計には，比重0.700〜1.850まで測定できる19本組，7本組などがある。混濁した液体や粘度の高い液体には使用できない。標準比重計のほか，牛乳専用の牛乳比重計，アルコール専用の酒精計などもある。
　比重計は，アルキメデスの原理（流体中の物体は，その物体が排除した流体の重さに相当する浮力を流体から受ける）を利用した測定器具である。液体に浮かべてその液体の比重を測定する。中空ガラス製で下部におもりが入っており，浮力を保つ胴部と目盛りのあるけい部からなる。

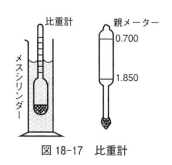

図18-17　比重計

　一般に，多くの比重計には15/4℃と表記されており，15℃は比重計の目盛りが定められたときの測定温度（標準温度），4℃は標準物質の水の温度を示している。15/4℃の他に，20/20℃，15/15℃などがある。
　比重は温度によって変化する。そのため，標準温度以外で測定し，その温度における比重を求めたい場合は，次式による温度補正を行う。測定温度における比重は $s + \Delta s$ となる。

　　$\Delta s = 0.000025 s (t_0 - t)$　[1]

$\begin{bmatrix} \Delta s：測定温度での補正量，0.000025：ガラスの体膨張係数，s：測定比重, \\ t_0：比重計の標準温度（℃），t：測定温度（℃） \end{bmatrix}$

　標準温度以外で測定しても，比重を相対的に比較する場合は，必ずしも温度補正は必要ない。比較する試料が同じ液温で測定されていればよい。ただし，比重値を示すときは必ず測定温度を付記する。

§ 18-9 比重計

測定方法
1. メスシリンダーに液体試料を入れる。十分に撹拌し液温を一様にする。
2. 温度計で液温を測定する（一般的な標準の測定温度は 15℃）。
3. 親メーターを静かに浮かせ，測定に用いる比重計の見当をつける。
   - 比重計によって測定範囲は異なる。比重計を試料に入れた際，比重計に封入されているおもりが重すぎても軽すぎても比重計の測定範囲を逸脱してしまう。
   - 親メーターで測定に適する比重計の番号を読み取り，選択することができる。
4. 比重計を静かに浮かせ，比重値を目盛りから読み取る（図 18-18）。
   - 比重計がメスシリンダーの壁に触れないようにし，静止した後，目盛りを読む。
   - ほとんどの比重計は，メニスカスの上端で目盛りを読む上縁視定である。一部，メニスカスの底で目盛りを読む水平面視定の比重計もある。どちらの視定かは，比重計に表記されている。
   - 目盛りは，不確定度のある数字を加え，最小目盛りの 10 分の 1 の位まで読む。
5. ガラス面が液体をはじかないように，使用後は丁寧に洗い清浄にしておく。

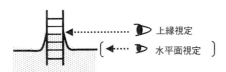

図 18-18　比重計の目盛りの読み取り

(2) 比重びん（ピクノメーター）（図 18-19）

いろいろな形の比重びんがある。比重計よりも比重びんの方が正確な値が得られる。

図 18-19　比重びん

測定方法
1. 乾燥した空の比重びんの重量（w）を測定する。
2. 蒸留水を満たしたときの重量（W）を測定する。
3. 試料を満たしたときの重量（W'）を測定する。
4. 試料の比重を次式より求める。（d：測定温度の蒸留水の比重）

$$\text{比重} = \frac{\text{試料の質量}}{\text{蒸留水の質量}} \div d = \frac{(W'-w)}{(W-w)} \div d$$

注
1) 横田計器製作所 HP『比重計解説』https://yokotakeiki.co.jp/contents/resource/hydrometers.html（2020.9.4. 閲覧）

検定表

巻末表1 2点識別試験法（片側検定）に用いる検定表

n	5%	1%	n	5%	1%	n	5%	1%	n	5%	1%
5	5	—	18	13	15	31	21	23	44	28	31
6	6	—	19	14	15	32	22	24	45	29	31
7	7	7	20	15	16	33	22	24	46	30	32
8	7	8	21	15	17	34	23	25	47	30	32
9	8	9	22	16	17	35	23	25	48	31	33
10	9	10	23	16	18	36	24	26	49	31	34
11	9	10	24	17	19	37	24	27	50	32	34
12	10	11	25	18	19	38	25	27	60	37	40
13	10	12	26	18	20	39	26	28	70	43	46
14	11	12	27	19	20	40	26	28	80	48	51
15	12	13	28	19	21	41	27	29	90	54	57
16	12	14	29	20	22	42	27	29	100	59	63
17	13	14	30	20	22	43	28	30			

巻末表2 2点嗜好試験法（両側検定）に用いる検定

n	5%	1%	n	5%	1%	n	5%	1%	n	5%	1%
			18	14	15	31	22	24	44	29	31
6	6	—	19	15	16	32	23	24	45	30	32
7	7	—	20	15	17	33	23	25	46	31	33
8	8	8	21	16	17	34	24	25	47	31	33
9	8	9	22	17	18	35	24	26	48	32	34
10	9	10	23	17	19	36	25	27	49	32	34
11	10	11	24	18	19	37	25	27	50	33	35
12	10	11	25	18	20	38	26	28	60	39	41
13	11	12	26	19	20	39	27	28	70	44	47
14	12	13	27	20	21	40	27	29	80	50	52
15	12	13	28	20	22	41	28	30	90	55	58
16	13	14	29	21	22	42	28	30	100	61	64
17	13	15	30	21	23	43	29	31			

検定表

巻末表3　3点識別試験法に用いる検定表

n	5%	1%	n	5%	1%	n	5%	1%	n	5%	1%
3	3	—	25	13	15	47	23	24	69	31	34
4	4	—	26	14	15	48	23	25	70	32	34
5	4	5	27	14	16	49	23	25	71	32	34
6	5	6	28	15	16	50	24	26	72	32	35
7	5	6	29	15	17	51	24	26	73	33	35
8	6	7	30	15	17	52	24	27	74	33	36
9	6	7	31	16	18	53	25	27	75	34	36
10	7	8	32	16	18	54	25	27	76	34	36
11	7	8	33	17	18	55	26	28	77	34	37
12	8	9	34	17	19	56	26	28	78	35	37
13	8	9	35	17	19	57	26	29	79	35	38
14	9	10	36	18	20	58	27	29	80	35	38
15	9	10	37	18	20	59	27	29	82	36	39
16	9	11	38	19	21	60	28	30	84	37	40
17	10	11	39	19	21	61	28	30	86	38	40
18	10	12	40	19	21	62	28	31	88	38	41
19	11	12	41	20	22	63	29	31	90	39	42
20	11	13	42	20	22	64	29	32	92	40	43
21	12	13	43	21	23	65	30	32	94	41	44
22	12	14	44	21	23	66	30	32	96	42	44
23	12	14	45	22	24	67	30	33	98	42	45
24	13	15	46	22	24	68	31	33	100	43	46

検定表

巻末表4　Newell & MacFarlane の順位法のための検定表

	α=5%								α=1%							
t / n	3	4	5	6	7	8	9	10	3	4	5	6	7	8	9	10
3	6	8	11	13	15	18	20	23	—	9	12	14	17	19	22	24
4	7	10	13	15	18	21	24	27	8	11	14	17	20	23	26	29
5	8	11	14	17	21	24	27	30	9	13	16	19	23	26	30	33
6	9	12	15	19	22	26	30	34	10	14	18	21	25	29	33	37
7	10	13	17	20	24	28	32	36	11	15	19	23	28	32	36	40
8	10	14	18	22	26	30	34	39	12	16	21	25	30	34	39	43
9	10	15	19	23	27	32	36	41	13	17	22	27	32	36	41	46
10	11	15	20	24	29	34	38	43	13	18	23	28	33	38	44	49
11	11	16	21	26	30	35	40	45	14	19	24	30	35	40	46	51
12	12	17	22	27	32	37	42	48	15	20	26	31	37	42	48	54
13	12	18	23	28	33	39	44	50	15	21	27	32	38	44	50	56
14	13	18	24	29	34	40	46	52	16	22	28	34	40	46	52	58
15	13	19	24	30	36	42	47	53	16	22	28	35	41	48	54	60
16	14	19	25	31	37	42	49	55	17	23	30	36	43	49	56	63
17	14	20	26	32	38	44	50	56	17	24	31	37	44	51	58	65
18	15	20	26	32	39	45	51	58	18	25	31	38	45	52	60	67
19	15	21	27	33	40	46	53	60	18	25	32	39	46	54	61	69
20	15	21	28	34	41	47	54	61	19	26	33	40	48	55	63	70
21	16	22	28	35	42	49	56	63	19	27	34	41	49	56	64	72
22	16	22	29	36	43	50	57	64	20	27	35	42	50	58	66	74
23	16	23	30	37	44	51	58	65	20	28	35	43	51	59	67	75
24	17	23	30	37	45	52	59	67	21	28	36	44	52	60	69	77
25	17	24	31	38	46	53	61	68	21	29	37	45	53	62	70	79
26	17	24	32	39	46	54	62	70	22	29	38	46	54	63	71	80
27	18	25	32	40	47	55	63	71	22	30	38	47	55	64	73	82
28	18	25	33	40	48	56	64	72	22	31	39	48	56	65	74	83
29	18	26	33	41	49	57	65	73	23	31	40	48	57	66	75	85
30	19	26	34	42	50	58	66	75	23	32	40	49	58	67	77	86
31	19	27	34	42	51	59	67	76	23	32	41	50	59	69	78	87
32	19	27	35	43	51	60	68	77	24	33	42	51	60	70	79	89
33	20	27	36	44	52	61	70	78	24	33	42	52	61	71	80	90
34	20	28	36	44	53	62	71	79	25	34	43	52	62	72	82	92
35	20	28	37	45	54	63	72	81	25	34	44	53	63	73	83	93
36	20	29	37	46	55	63	73	82	25	35	44	54	64	74	84	94
37	21	29	38	46	55	64	74	83	26	35	45	55	65	75	85	95
38	21	29	38	47	56	65	75	84	26	36	45	55	66	76	86	97
39	21	30	39	48	57	66	76	85	26	36	46	56	66	77	87	98
40	21	30	39	48	57	67	76	86	27	36	47	57	67	78	88	99
41	22	31	40	49	58	68	77	87	27	37	47	57	68	79	90	100
42	22	31	40	49	59	69	78	88	27	37	48	58	69	80	91	102
43	22	31	41	50	60	69	79	89	28	38	48	59	70	81	92	103
44	22	32	41	51	60	70	80	90	28	38	49	60	70	82	93	104
45	23	32	41	51	61	71	81	91	28	39	49	60	71	82	94	105
46	23	32	42	52	62	72	82	92	28	39	50	61	72	83	95	106
47	23	33	42	52	62	72	83	93	29	39	50	62	73	84	96	108
48	23	33	43	53	63	73	84	94	29	40	51	62	74	85	97	109
49	24	33	43	53	64	74	85	95	29	40	51	53	74	86	98	110
50	24	34	44	54	64	75	85	96	30	41	52	63	75	87	99	111

t =試料数，n =くり返し数（パネル数）
2試料の順位合計の差の絶対値が表の値以上のとき，2試料の間に有意差あり。

巻末表 5 　F 表（上段危険率 5%，下段危険率 1%）

ϕ_2 \ ϕ_1	1	2	3	4	5	6	7	8	9	10	12	15	20	24	30	40	60	120	∞
1	161.00	200.00	216.00	225.00	230.00	234.00	237.00	239.00	241.00	242.00	244.00	246.00	248.00	249.00	250.00	251.00	252.00	253.00	254.00
	4052.00	5000.00	5403.00	5625.00	5764.00	5859.00	5928.00	5982.00	6022.00	6056.00	6106.00	6157.00	6209.00	6235.00	6261.00	6287.00	6313.00	6339.00	6366.00
2	18.50	19.00	19.20	19.20	19.30	19.30	19.40	19.40	19.40	19.40	19.40	19.40	19.40	19.50	19.50	19.50	19.50	19.50	19.50
	98.50	99.00	99.20	99.20	99.30	99.30	99.40	99.40	99.40	99.40	99.40	99.40	99.50	99.50	99.50	99.50	99.50	99.50	99.50
3	10.10	9.55	9.28	9.12	9.01	8.94	8.89	8.85	8.81	8.79	8.74	8.70	8.66	8.64	8.62	8.59	8.57	8.55	8.53
	34.10	30.80	29.50	28.70	28.20	27.90	27.70	27.50	27.30	27.20	27.10	26.90	26.70	26.60	26.50	26.40	26.30	26.20	26.10
4	7.71	6.94	6.59	6.39	6.26	6.16	6.09	6.04	6.00	5.96	5.91	5.86	5.80	5.77	5.75	5.72	5.69	5.66	5.63
	21.20	18.00	16.70	16.00	15.50	15.20	15.00	14.80	14.70	14.50	14.40	14.20	14.00	13.90	13.80	13.70	13.70	13.60	13.50
5	6.61	5.79	5.41	5.19	5.05	4.95	4.88	4.82	4.77	4.74	4.68	4.62	4.56	4.53	4.50	4.46	4.43	4.40	4.36
	16.30	13.30	12.10	11.40	11.00	10.70	10.50	10.30	10.20	10.10	9.89	9.72	9.55	9.47	9.38	9.29	9.20	9.11	9.02
6	5.99	5.14	4.76	4.53	4.39	4.28	4.21	4.15	4.10	4.06	4.00	3.94	3.87	3.84	3.81	3.77	3.74	3.70	3.67
	13.70	10.90	9.78	9.15	8.75	8.47	8.26	8.10	7.98	7.87	7.72	7.56	7.40	7.31	7.23	7.14	7.06	6.97	6.88
7	5.59	4.74	4.35	4.12	3.97	3.87	3.79	3.73	3.68	3.64	3.57	3.51	3.44	3.41	3.38	3.34	3.30	3.27	3.23
	12.20	9.55	8.45	7.85	7.46	7.19	6.99	6.84	6.72	6.62	6.47	6.31	6.16	6.07	5.99	5.91	5.82	5.74	5.65
8	5.32	4.45	4.07	3.84	3.69	3.58	3.50	3.44	3.39	3.35	3.28	3.22	3.15	3.12	3.08	3.04	3.01	2.97	2.93
	11.30	8.65	7.59	7.01	6.63	6.37	6.18	6.03	5.91	5.81	5.67	5.52	5.36	5.28	5.20	5.12	5.03	4.95	4.86
9	5.12	4.26	3.86	3.63	3.48	3.37	3.29	3.23	3.18	3.14	3.07	3.01	2.94	2.90	2.86	2.83	2.79	2.75	2.71
	10.60	8.02	6.99	6.42	6.06	5.80	5.61	5.47	5.35	5.26	5.11	4.96	4.81	4.73	4.65	4.57	4.48	4.40	4.31
10	4.96	4.10	3.71	3.48	3.33	3.22	3.14	3.07	3.02	2.98	2.91	2.84	2.77	2.74	2.70	2.66	2.62	2.58	2.54
	10.00	7.56	6.55	5.99	5.64	5.39	5.20	5.06	4.94	4.85	4.71	4.56	4.41	4.33	4.25	4.17	4.08	4.00	3.91
11	4.84	3.98	3.59	3.35	3.20	3.09	3.01	2.95	2.90	2.85	2.79	2.72	2.65	2.61	2.57	2.53	2.49	2.45	2.40
	9.65	7.21	6.22	5.67	5.32	5.07	4.89	4.74	4.63	4.54	4.40	4.25	4.10	4.02	3.94	3.86	3.78	3.69	3.60
12	4.75	3.89	3.49	3.26	3.11	3.00	2.91	2.85	2.80	2.75	2.69	2.62	2.54	2.51	2.47	2.43	2.38	2.34	2.30
	9.33	6.93	5.95	5.41	5.06	4.82	4.64	4.50	4.39	4.30	4.16	4.01	3.86	3.78	3.70	3.62	3.54	3.45	3.36
13	4.67	3.81	3.41	3.18	3.03	2.92	2.83	2.77	2.71	2.67	2.60	2.53	2.46	2.42	2.38	2.34	2.30	2.25	2.21
	9.07	6.70	5.74	5.21	4.86	4.62	4.44	4.30	4.19	4.10	3.96	3.82	3.66	3.59	3.51	3.43	3.34	3.25	3.17
14	4.60	3.74	3.34	3.11	2.95	2.85	2.76	2.70	2.65	2.60	2.53	2.46	2.39	2.39	2.31	2.27	2.22	2.18	2.13
	8.86	6.51	5.56	5.04	4.70	4.46	4.28	4.14	4.03	3.94	3.80	3.66	3.51	3.43	3.35	3.27	3.18	3.09	3.00
15	4.54	3.68	3.23	3.06	2.90	2.79	2.71	2.64	2.59	2.54	2.48	2.40	2.33	2.29	2.25	2.20	2.16	2.11	2.07
	8.68	6.36	5.42	4.89	4.56	4.32	4.14	4.00	3.89	3.80	3.67	3.52	3.37	3.29	3.21	3.13	3.05	2.96	2.87
16	4.49	3.63	3.24	3.01	2.85	2.74	2.66	2.59	2.54	2.49	2.42	2.35	2.28	2.24	2.19	2.15	2.11	2.06	2.01
	8.53	6.23	5.29	4.77	4.44	4.20	4.03	3.89	3.78	3.69	3.55	3.41	3.26	3.18	3.10	3.02	2.93	2.84	2.75
17	4.45	3.59	3.20	2.96	2.81	2.70	2.61	2.55	2.49	2.45	2.38	2.31	2.23	2.19	2.15	2.10	2.05	2.01	1.95
	8.40	6.11	5.18	4.67	4.34	4.10	3.93	3.79	3.68	3.59	3.46	3.31	3.16	3.08	3.00	2.92	2.83	2.75	2.65
18	4.41	3.55	3.16	2.93	2.77	2.66	2.58	2.51	2.46	2.51	2.34	2.27	2.19	2.15	2.11	2.06	20.20	1.97	1.92
	8.29	6.01	5.09	4.58	4.25	4.01	3.84	3.71	3.60	3.51	3.37	3.23	3.08	3.00	2.92	2.84	2.75	2.66	2.57
19	4.38	3.52	3.13	2.90	2.74	2.63	2.54	2.48	2.42	2.38	2.31	2.23	2.16	2.11	2.07	2.03	1.98	1.93	1.88
	8.18	5.93	5.01	4.50	4.17	3.94	3.77	3.63	3.52	3.43	3.30	3.15	3.00	2.92	2.84	2.76	2.67	2.58	2.49
20	4.35	3.49	3.10	2.87	2.71	2.60	2.51	2.45	2.39	2.35	2.28	2.20	2.12	2.08	2.04	1.99	1.95	1.90	1.84
	8.10	5.85	4.94	4.43	4.10	3.87	3.70	3.56	3.46	3.37	3.23	3.09	2.94	2.86	2.78	2.69	2.61	2.52	2.42
21	4.32	3.47	3.07	2.84	2.68	2.57	2.49	2.42	2.37	2.32	2.25	2.18	2.10	2.05	2.01	1.96	1.92	1.87	1.81
	8.02	5.78	4.87	4.37	4.04	3.81	3.64	3.51	3.40	3.31	3.17	3.03	2.88	2.80	2.72	2.64	2.55	2.46	2.35
22	4.30	3.44	3.05	2.82	2.66	2.55	2.46	2.40	2.34	2.30	2.23	2.15	2.07	2.03	1.98	1.94	1.89	1.84	1.78
	7.95	5.72	4.82	4.31	3.99	3.76	3.59	3.45	3.35	3.26	3.12	2.98	2.83	2.75	2.67	2.58	2.50	2.40	2.31
23	4.28	3.42	3.03	2.80	2.64	2.53	2.44	2.37	2.32	2.27	2.20	2.13	2.05	2.00	1.96	1.91	1.86	1.81	1.76
	7.88	5.65	4.76	4.26	3.94	3.71	3.54	3.41	3.30	3.21	3.07	2.93	2.78	2.70	2.62	2.54	2.45	2.35	2.26
24	4.26	3.40	3.01	2.78	2.62	2.51	2.42	2.36	2.30	2.25	2.18	2.11	2.03	1.98	1.94	1.89	1.84	1.79	1.73
	7.82	5.61	4.72	4.22	3.90	3.67	3.50	3.36	3.26	3.17	3.03	2.89	2.74	2.66	2.58	2.49	2.40	2.31	2.21
25	4.24	3.39	2.99	2.76	2.60	2.49	2.40	2.34	2.28	2.24	2.16	2.09	2.01	1.96	1.92	1.87	1.82	1.77	1.71
	7.77	5.57	4.68	4.18	3.86	3.63	3.46	3.32	3.22	3.13	2.99	2.85	2.70	2.62	2.54	2.45	2.36	2.27	2.17
26	4.23	3.37	2.98	2.74	2.59	2.47	2.39	2.32	2.27	2.22	2.15	2.07	1.99	1.95	1.90	1.85	1.80	1.75	1.69
	7.72	5.53	4.64	4.14	3.82	3.59	3.42	3.29	3.18	3.09	2.96	2.82	2.66	2.58	2.50	2.42	2.33	2.23	2.13
27	4.21	3.35	2.96	2.73	2.57	2.46	2.37	2.31	2.25	2.20	2.13	2.06	1.97	1.93	1.88	1.84	1.79	1.73	1.67
	7.68	5.49	4.60	4.11	3.78	3.56	3.39	3.26	3.15	3.06	2.93	2.78	2.63	2.55	2.47	2.38	2.29	2.20	2.10
28	4.20	3.34	2.95	2.71	2.56	2.45	2.36	2.29	2.24	2.19	2.12	2.04	1.96	1.91	1.87	1.82	1.77	1.71	1.65
	7.64	5.45	4.57	4.07	3.75	3.53	3.36	3.23	3.12	3.03	2.90	2.75	2.60	2.52	2.44	2.35	2.26	2.17	2.06
29	4.18	3.33	2.93	2.70	2.55	2.43	2.35	2.28	2.22	2.18	2.10	2.03	1.94	1.90	1.85	1.81	1.75	1.70	1.64
	7.60	5.42	4.54	4.04	3.73	3.50	3.33	3.20	3.09	3.00	2.87	2.73	2.57	2.49	2.41	2.33	2.23	2.14	2.03
30	4.17	3.32	2.92	2.69	2.53	2.42	2.33	2.27	2.21	2.16	2.09	2.01	1.93	1.89	1.84	1.79	1.74	1.68	1.62
	7.56	5.39	4.51	4.02	3.70	3.47	3.30	3.17	3.07	2.98	2.84	2.70	2.55	2.47	2.39	2.30	2.21	2.11	2.01
40	4.08	3.23	2.84	2.61	2.45	2.34	2.25	2.18	2.12	2.08	2.00	1.92	1.84	1.79	1.74	1.69	1.64	1.58	1.51
	7.31	5.18	4.31	3.83	3.51	3.29	3.12	2.99	2.89	2.80	2.66	2.52	2.37	2.29	2.20	2.11	2.02	1.92	1.80
60	4.00	3.15	2.76	2.53	2.37	2.25	2.17	2.10	2.04	1.99	1.92	1.84	1.75	1.70	1.65	1.59	1.53	1.47	1.39
	7.08	4.98	4.13	3.65	3.34	3.12	2.95	2.82	2.72	2.63	2.50	2.35	2.20	2.12	2.03	1.94	1.84	1.73	1.60
120	3.92	3.07	2.68	2.45	2.29	2.18	2.09	2.02	1.96	1.91	1.83	1.75	1.65	1.61	1.55	1.50	1.43	1.35	1.25
	6.85	4.79	3.95	3.48	3.17	2.96	2.79	2.66	2.56	2.47	2.34	2.19	2.03	1.95	1.86	1.76	1.66	1.53	1.38
∞	3.84	3.00	2.60	2.37	2.21	2.10	2.01	1.94	1.88	1.83	1.75	1.67	1.57	1.52	1.46	1.39	1.32	1.22	1.00
	6.63	4.61	3.78	3.32	3.02	2.80	2.64	2.51	2.41	2.32	2.18	2.04	1.88	1.79	1.70	1.59	1.47	1.32	1.00

自由度 ϕ_1，ϕ_2 より上側確率 5% および 1% に対する F 値を求める表（細字は 5%，太字は 1%）

参考文献

調理実験を始めるにあたって

1. 実験前の準備

化学同人編集部『新版 実験を安全に行うために』化学同人，1993，pp.112-114，pp.123-124

村上俊男編著『基礎からの食品・栄養学実験』建帛社，1998，pp.2-4

下村道子・和田淑子共編著『調理学実験書』光生館，2000，p.1

大羽和子・川端晶子編著『調理科学実験』学建書院，2003，pp.2-3

安達達彦・吉田宗弘編著『身のまわりの食品分析実験』三共出版，2011，pp.2-3

渡辺達夫・森光康次郎編著『改訂新版 健康を考えた食品学実験』アイ・ケイコーポレーション，2014，pp.6-8

日本栄養改善学会『平成30年度管理栄養士専門分野別人材育成事業「教育養成領域での人材育成」報告書』2019，p.33

2. 実験中の留意点

京都大学農学部食品工学教室内京都大学中陽会『食品工学実験書上巻』養賢堂，1970，pp.1-2

化学同人編集部編『新版 続・実験を安全に行うために』化学同人，1987，p.3

村上俊男編著『基礎からの食品・栄養学実験』建帛社，1998，p.2

下村道子・和田淑子共編著『調理学実験書』光生館，2000，p.1

安達達彦・吉田宗弘編著『身のまわりの食品分析実験』三共出版，2011，pp.2-3

山崎清子・島田キミエ・渋川祥子・下村道子・市川朝子・杉山久仁子『NEW 調理と理論』同文書院，2011，p.500

渡辺達夫・森光康次郎編著『改訂新版 健康を考えた食品学実験』アイ・ケイコーポレーション，2014，p.6

3. 実験終了後

化学同人編集部編『新版 続・実験を安全に行うために』化学同人，1987，pp.3-5

村上俊男編著『基礎からの食品・栄養学実験』建帛社，1998，pp.2-4

小川雅彌監修代表『改訂 化学のレポートと論文の書き方』化学同人，1999

下村道子・和田淑子共編著『調理学実験書』光生館，2000，pp.1-2

安達達彦・吉田宗弘編著『身のまわりの食品分析実験』三共出版，2011，pp.2-3，p.8

渡辺達夫・森光康次郎編著『改訂新版 健康を考えた食品学実験』アイ・ケイコーポレーション，2014，pp.6-7

4. レポートの書き方

小川雅彌監修代表『改訂 化学のレポートと論文の書き方』化学同人，1999，pp.21-42，pp.69-74

下村道子・和田淑子共編著『調理学実験書』光生館，2000，p.2

大羽和子・川端晶子編著『調理科学実験』学建書院，2003，pp.6-7

奥田弘枝・畑江敬子・吉岡慶子編著『改訂 食事設計と栄養のための調理科学実験』光生館，2010，p.2

化学同人編集部編『実験データを正しく扱うために』化学同人，2007，pp.1-12，pp.43-63

橋本俊二郎編著『食品学実験』講談社，2010，p.10

安達達彦・吉田宗弘編著『身のまわりの食品分析実験』三共出版，2011，p.3

学習技術研究会編著『大学生からのスタディ・スキルズ 知へのステップ（第3版）』くろしお出版，2012，p.59

文部科学大臣決定「研究活動における不正行為への対応等に関するガイドライン」文部科学省，2014，p.10

計 量

1. 秤 量

下村道子・和田淑子共編著『調理学実験書』光生館，2010，pp.3-4

滝田聖親・渡部俊弘・大石祐一・服部一夫共著『新基礎食品学実験書』三共出版，2008，pp.29-30

飯渕貞明・渡邉悟編著『新しい食品学実験（第2版）』三共出版，2008，pp.12-13

化学同人編集部編『続 実験を安全に行うために―基本操作・基本測定編（第4版）』化学同人，2019，pp.87-91

青柳康夫編著『新版改訂 食品学実験書』建帛社，2017，pp.5-6

高野克己・渡部俊弘編著『新食品理化学実験書』三共出版，2016，pp.15-16

津波古充朝・内藤猛章・上地真一『わかりやすい化学実験』廣川書店，1990，pp.24-30

「分析用電子天びん（GR シリーズ）取扱説明書」エー・アンド・デイ

「上皿電子天びん（GX シリーズ）取扱説明書」エー・アンド・デイ

「デジタルクッキングスケール（KD-321）取扱説明書」タニタ

2. 容 量

津波古充朝・内藤猛章・上地真一『わかりやすい化学実験』廣川書店，1990，p.26，pp.30-33

寺部茂・大嶌幸一郎・小久見善八『実験器具・器械の取扱いと安全性』廣川書店，1990，pp.20-23

下村道子・和田淑子共編著『調理学実験書』光生館，2000，p.4

化学同人編集部編『続 実験を安全に行うために―基本操作・基本測定編（第4版）』化学同人，2019，pp.113-118

橋本俊二郎編『食品学実験』講談社，2010，pp.4-7

高野克己・渡部俊弘編著『新食品理化学実験書』三共出版，2016，pp.13-15

滝田聖親・渡部俊弘・大石祐一・服部一夫共著『新基礎食品学実験書』三共出版，2008，pp.21-28

飯渕貞明・渡邉悟編著『新しい食品学実験（第2版）』三共出版，2008，pp.13-14

安藤達彦・吉田宗弘編著『身のまわりの食品化学実験（第2版）』三共出版，2005，pp.4-8

青柳康夫編著『新版改訂 食品学実験書』建帛社，2017，pp.3-4

3. 体 積

今井悦子・柳沢幸江編著『調理科学実験』アイ・ケイコーポレーション，2017，pp.10-11

大羽和子・川端晶子編著『調理科学実験』学建書院，2017，pp.12-13

長尾慶子・香西みどり編著『N ブックス実験シリーズ 調理科学実験（第2版)』建帛社，2018，p.8

下村道子・和田淑子共編著『調理学実験書』光生館，2010，pp.4-5

4. 試薬の作り方

村上俊男編著『基礎からの食品・栄養学実験』建帛社，1998，pp.6-9

宮下文秀「質量，容量の正確な計量」『ぶんせき』（397），2008，pp.2-10

橋本俊二郎編著『食品学実験』講談社，2010，pp.2-4，pp.11-13

安達達彦・吉田宗弘編著『身のまわりの食品分析実験』三共出版，2011，pp.13-23

渡辺達夫・森光康次郎編著『改訂新版 健康を考えた食品学実験』アイ・ケイコーポレーション，2014，pp.156-159

香川明夫監修『食品成分表2020』女子栄養大学出版部，2020，pp.90-95

ナカライテスク，富士フィルム和光純薬，塩化ナトリウム特級試薬の表示

§1. 米に関する実験
§1-1　うるち米，もち米の浸漬の効果

下村道子・和田淑子共編著『調理学実験書』光生館，2000，pp.9-10

貝沼やす子『お米とごはんの科学』建帛社，2012，p.46

§1-2　洗米の影響

下村道子・和田淑子共編著『調理学実験書』光生館，2000，pp.9-10

貝沼やす子・長尾慶子・畑江敬子・島田淳子「洗米方法が米の食味に与える影響」『調理科学』23（4），1990，pp.419-423

§1-3　味付け飯における調味料の影響

下村道子・和田淑子共編著『調理学実験書』光生館，2000，p.10

参考文献

伊藤純子・香西みどり・貝沼やす子・畑江敬子「米飯の炊飯特性に及ぼす各種調味料の影響（第 1 報）」
『日本食品科学工学会誌』51（10），2004，pp.531-538

§1-4　米粉の吸水

下村道子・和田淑子共編著『調理学実験書』光生館，2000，pp.13-14

大坪研一編『米粉 BOOK』幸書房，2012

§2.　小麦粉に関する実験

下村道子・和田淑子共編著『調理学実験書』光生館，2000，pp.15-17，pp.24-25

松本美鈴・平尾和子編著『新調理学プラス―健康を支える食事を実践するために』光生館，2020，
pp.111-113

§3.　でんぷんに関する実験

山崎清子・島田キミエ・渋川祥子・下村道子・市川朝子・杉山久仁子『NEW 調理と理論』同文書院，
2011，p.192

§4.　卵に関する実験

§4-1　卵の鮮度

下村道子・和田淑子共編著『調理学実験書』光生館，2000，pp.35-37

§4-2　砂糖添加が卵の起泡性と安定性に及ぼす影響

下村道子・和田淑子共編著『調理学実験書』光生館，2000，pp.37-38

§4-3　希釈卵液の熱凝固性

下村道子・和田淑子共編著『調理学実験書』光生館，2000，pp.40-41

§4-4　加熱による卵白の消化性の変化

坂井堅太郎・牛山優・真鍋祐之「生および加熱凝固卵白のペプシンおよびパンクレアチンによる卵白タン
パク質成分の消化性」『日本小児アレルギー学会誌』13（1），1999，pp.36-42

§5.　肉に関する実験

§5-1　加熱によるすね肉の硬さとスープの味

下村道子・和田淑子共編著『調理学実験書』光生館，2000，pp.42-43

長尾慶子・香西みどり編著『N ブックス実験シリーズ　調理科学実験（第 2 版）』建帛社，2018，pp.84-85

§5-2　ハンバーグステーキに加える副材料の影響

今井悦子編著，香西みどり・吉田真美著『食べ物と健康　食材と調理の科学』アイ・ケイコーポレーショ
ン，2014，p.57

大羽和子・川端晶子編著『調理科学実験』学建書院，2017，pp.150-151

渕上倫子編『調理学』朝倉書店，2016，p.122

厚生労働省『「大量調理施設衛生管理マニュアル」の改正について』（生食発 0616 第 1 号），2017 年 6 月 16
日

§5-3　酵素による肉の軟化

下村道子・和田淑子共編著『調理学実験書』光生館，2000，pp.46-49

長尾慶子・香西みどり編著『N ブックス実験シリーズ　調理科学実験（第 2 版）』建帛社，2018，pp.80-81

§5-4　ひき肉の加工

森孝夫編『食べ物と健康 3　食品加工学』化学同人，2009，pp.26-27

太田英明・北畠直文・白土英樹編『食べ物と健康　食品の加工』南江堂，2015，pp.139-140，p.145

今井悦子編著，香西みどり・吉田真美著『食べ物と健康　食材と調理の科学』アイ・ケイコーポレーショ
ン，2014，p.57

今井悦子・柳沢幸江編著『調理科学実験』アイ・ケイコーポレーション，2016，pp.96-97

§6. 魚に関する実験

下村道子・和田淑子共編著『調理学実験書』光生館，2000，pp.50-52

長尾慶子・香西みどり編著『N ブックス実験シリーズ 調理科学実験（第2版）』建帛社，2018，pp.88-89

§7. 野菜・果実に関する実験

§7-1　野菜の色の加熱による変化

大羽和子・川端晶子編著『調理科学実験』学建書院，2017，p.144

§7-2　野菜の吸水と放水

西堀すき江編著『マスター調理学（第3版)』建帛社，2016，p.36

§7-4　ペクチンのゲル化

西堀すき江編著『マスター調理学（第3版)』建帛社，2016，p.83

大羽和子・川端晶子編著『調理科学実験』学建書院，2017，p.429

川端晶子・澤山茂・瓜生恵子「果実類・果菜類および種実類のペクチン含有量について」『栄養学雑誌』32 (1)，1974，pp.9-19

§7-5　加熱調理における野菜中のアスコルビン酸（還元型ビタミンC）量の変化

小島彩子・尾関彩・中西朋子・佐藤陽子・千葉剛・阿部皓一・梅垣敬三「食品中ビタミンの調理損耗に関するレビュー（その2)」『ビタミン』91 (2)，2017，pp.87-112

§8. 豆・いもに関する実験

§8-1　乾燥豆類の吸水

下村道子・和田淑子共編著『調理学実験書』光生館，2000，pp.72-75

長尾慶子・香西みどり編著『N ブックス実験シリーズ 調理科学実験（第2版)』建帛社，2018，pp.58-59

松元文子『食べ物と水』家庭教育社，1988，p.221

畑江敬子・香西みどり編『新スタンダード栄養・食物シリーズ6 調理学』東京化学同人，2016，pp.121-122

松本美鈴・平尾和子編著『新調理学プラス―健康を支える食事を実践するために』光生館，2020，p.125

§8-2　大豆の加工

太田英明・北畠直文・白土英樹編『食べ物と健康　食品の加工』南江堂，2015，pp.122-123

大羽和子・川端晶子編著『調理科学実験』学建書院，2017，pp.130-132

小野伴忠・下山田真・村本光二編『大豆の機能と科学』朝倉書店，2012，p.32，pp.52-53，pp.110-113，pp.193-197

成瀬宇平『食の「なっとく」科学実験』開隆堂出版，2001，pp.52-53

前田昭彦「タンパク質の凝固―豆腐づくりを通して生活と化学を結びつける」『北海道立理科教育センター研究紀要』13，2001，pp.38-41

ヤマコー「豆腐作り器」取扱説明書，発行年不明

渡辺篤二・齋尾恭子・橋詰和宗共著『最新食品加工講座　大豆とその加工 I』建帛社，1987

§8-3　さつまいもの加熱方法と糖度の関係

下村道子・和田淑子共編著『調理学実験書』光生館，2000，p.72

渋川祥子・畑井朝子編著『ネオエスカ調理学』同文書院，2006，p.186

大羽和子・川端晶子編著『調理科学実験』学建書院，2017，pp.68-69

今井悦子・柳沢幸江編著『調理科学実験』アイ・ケイコーポレーション，2016，pp.84-85

伊東哲代・安藤孝雄・市川邦介「甘藷の糖化におよぼす調理法の影響について（第1報)」『家政学雑誌』19 (3)，1968，pp.170-173

松元文子・平山静子・大竹蓉子「電子レンジによる甘藷の加熱について」『家政学雑誌』16 (5)，1965，pp.284-287

§8-4　じゃがいもの調理

下村道子・和田淑子共編著『調理学実験書』光生館，2000，pp.68-70

参考文献

久木久美子・新田陽子・喜多野宣子『調理学―おいしく安全に調理を行うための科学の基礎』化学同人，2012，p.66

大羽和子・川端晶子編著『調理科学実験』学建書院，2017，pp.128-129

種村安子著『イラスト食品学総論』東京教学社，2014，p.94

今井悦子編著，香西みどり・吉田真美著『食べ物と健康　食材と調理の科学』アイ・ケイコーポレーション，2014，pp.25-26

松元文子・橋谷淳子「マッシュポテトに関する実験（第1報）」『家政学雑誌』14（6），1963，pp.341-344

平野雅子・橋谷淳子「じゃがいもの調理」『調理科学』5（1），1972，pp.26-31

山崎清子・島田キミエ・渋川祥子・下村道子・市川朝子・杉山久仁子『NEW 調理と理論』同文書院，2011，pp.158-160

§ 8-5　あんの調製

畑江敬子・香西みどり編『調理学（第2版）』東京化学同人，2013，p.122

下村道子・和田淑子共編著『調理学実験書』光生館，2000，pp.75-76

今井悦子・柳沢幸江編著『調理科学実験』アイ・ケイコーポレーション，2016，pp.80-81

大羽和子・川端晶子編著『調理科学実験』学建書院，2017，p.133

和田淑子・大越ひろ編著『健康・調理の科学（第3版）―おいしさから健康へ』建帛社，2016，p.166

高橋節子『クッカリーサイエンス005　和菓子の魅力―素材特性とおいしさ』建帛社，2012，pp.108-113

畑井朝子「小豆の調理特性」『調理科学』27（3），1994，pp.238-242

日本豆類協会編『豆類百科』2015

金子倉吉監修『新しい製餡』製菓実験社，1963

四宮陽子『クッキングエクスペリメント―おいしさをみつける実験』学建書院，2011，p.76

§ 9.　乳・乳製品に関する実験
§ 9-1　牛乳の加熱，酸による変化

下村道子・和田淑子共編著『調理学実験書』光生館，2000，pp.77-80

今井悦子・安原安代編『健康を考えた調理科学実験』アイ・ケイコーポレーション，2005，p.133

§ 9-2　クリームの泡立てと分離

下村道子・和田淑子共編著『調理学実験書』光生館，2000，pp.80-81

河田昌子『お菓子「こつ」の科学』柴田書店，2008，p.121

高橋敦子編著『調理学』光生館，2010，p.73

松本睦子・河村フジ子「市販クリームの起泡性と起泡クリームの特性」『調理科学』11（3），1978，pp.80-81

§ 10.　砂糖に関する実験
§ 10-2　フォンダン・砂糖衣と抜糸・飴

下村道子・和田淑子共編著『調理学実験書』光生館，2000，pp.82-86

長尾慶子・香西みどり編著『N ブックス実験シリーズ　調理科学実験（第2版）』建帛社，2018，pp.112-115

山崎清子・島田キミエ・渋川祥子・下村道子・市川朝子・杉山久仁子『NEW 調理と理論』同文書院，2011，pp.176-182

松本美鈴・平尾和子編著『新調理学プラス―健康を支える食事を実践するために』光生館，2020，pp.185-187

亀山春・山崎妙子・松岡洋子・古賀菱子『食物と栄養の科学7 調理学実験』朝倉書店，1988，pp.61-66

渋川祥子・杉山久仁子『新訂 調理科学―その理論と実際』同文書院，2005，pp.79-83

§ 10-3　アミノ・カルボニル反応による着色と香気

下村道子・和田淑子共編著『調理学実験書』光生館，2000，pp.87-90

長尾慶子・香西みどり編著『N ブックス実験シリーズ 調理科学実験（第2版）』建帛社，2018，pp.68-69

川端晶子編著『身近な食べ物の調理学実験（新版）』建帛社，1993，pp.42-43

大羽和子・川端晶子編著『調理科学実験』学建書院，2003，pp.124-125

山崎清子・島田キミエ・渋川祥子・下村道子・市川朝子・杉山久仁子『NEW 調理と理論』同文書院，2011，pp.128-131

渡辺長男『菓子の科学』同文書院，1980，pp.91-100

橋本仁・高田明和編『砂糖の科学』朝倉書店，2006，pp.95-110

藤巻正生・金田尚志・秦忠夫・柴崎一雄・不破英次・稲垣長典・坂村貞雄・門田元・松本博『食品化学（改訂新版）』朝倉書店，1976，p.135

§ 11. 寒天，ゼラチンに関する実験
§ 11-1 砂糖，酸，牛乳の影響
下村道子・和田淑子共編著『調理学実験書』光生館，2000，pp.91-94

大羽和子・川端晶子編著『調理科学実験』学建書院，2003，pp.188-192

松本美鈴・平尾和子編著『新調理学プラス―健康を支える食事を実践するために』光生館，2020，p.179

§ 12. 油脂に関する実験
下村道子・和田淑子共編著『調理学実験書』光生館，2000，pp.97-98

§ 13. だし汁に関する実験
下村道子・和田淑子共編著『調理学実験書』光生館，2000，pp.106-108

長尾慶子・香西みどり編著『N ブックス実験シリーズ 調理科学実験（第 2 版）』建帛社，2018，pp.108-109

松本美鈴・平尾和子編著『新調理学プラス―健康を支える食事を実践するために』光生館，2020，pp.193-194

§ 14. 飲み物に関する実験
下村道子・和田淑子共編著『調理学実験書』光生館，2000，pp.109-110

村松敬一郎編『茶の科学』朝倉書店，1991，p.85，pp.113-114

池田重美・中川致之・岩浅潔「煎茶の浸出条件と可溶成分との関係」『茶業研究報告』37，1972，pp.69-78

§ 15. 食品の物性に関する実験
下村道子・和田淑子共編著『調理学実験書』光生館，2000

中濱信子・大越ひろ・森高初惠『改訂新版おいしさのレオロジー』アイ・ケイコーポレーション，2011

松本美鈴・平尾和子編著『新調理学プラス―健康を支える食事を実践するために』光生館，2020

厚生労働省「特別用途食品の表示許可等」2009

川端晶子監修『フローチャートによる調理科学実験』地人書館，1994，p.52

§ 16. 官能評価
下村道子・和田淑子共編著『調理学実験書』光生館，2000，p.117

§ 18. 測定機器
§ 18-1 レオメーター（テクスチュロメーター）
森友彦・川端晶子編『食品のテクスチャー評価の標準化』光琳，1997，pp.187-188

下村道子・和田淑子共編著『調理学実験書』光生館，2000，pp.134-136

中濱信子・大越ひろ・森高初惠『改訂新版おいしさのレオロジー』アイ・ケイコーポレーション，2011，pp.24-27，pp.52-64

参考文献

松本美鈴・平尾和子編著『新調理学プラス―健康を支える食事を実践するために』光生館，2020，p.50，
　p.63

山電「クリープメータ RE-3305S 取扱説明書」山電，年不明

§ 18-2　粘度計

下村道子・和田淑子共編著『調理学実験書』光生館，2000，p.131

大羽和子・川端晶子編著『調理科学実験』学建書院，2003，pp.44-45

中濱信子・大越ひろ・森髙初惠『改訂新版おいしさのレオロジー』アイ・ケイコーポレーション，2011，
　pp.28-29

松本美鈴・平尾和子編著『新調理学プラス―健康を支える食事を実践するために』光生館，2020，p.64

トキメック「B 型粘度計 取扱説明書」トキメック，年不明

エー・アンド・デイ「音叉振動式粘度計 SV-A series ユーザーズハンドブック Version 1.15J」エー・アン
　ド・デイ，2013

§ 18-3　測色色差計

長谷川喜代三編著『食品学』朝倉書店，1983，pp.58-59

鬼頭誠・佐々木隆造編『食品化学』文永堂出版，1992，p.148

下村道子・和田淑子共編著『調理学実験書』光生館，2000，pp.136-137

石川典夫「色の測定について・何故色が測れるのか」『繊維製品消費科学』44（7），2003，pp.390-396

永田泰弘・三ツ塚由貴子『よくわかる色彩の科学』ナツメ社，2008，pp.12-13，pp.172-173，pp.188-189

大山正・齋藤美穂『色彩学入門色と感性の心理』東京大学出版会，2009，pp.2-5，pp.18-20，pp.30-32，
　pp.39-41

コニカミノルタ「色彩測定について」
https://www.konicaminolta.jp/instruments/knowledge/fluorescence_point/colorimetry/index.html
　（2020.6.12 閲覧）

§ 18-4　塩分濃度計

新野靖「食品分析における食塩濃度の測定法」『調理科学』27（1），1994，pp.57-62

下村道子・和田淑子共編著『調理学実験書』光生館，2000，pp.128-129

堀場製作所「コンパクト塩分計 LAQUA twin Salt-22 取扱説明書」堀場製作所，2017

アタゴ「食塩水濃度計屈折計取扱説明書」アズワン，年不明

アタゴ「ポケット塩分計 APAL-ES1 取扱説明書」アズワン，年不明

§ 18-5　糖度計

下村道子・和田淑子共編著『調理学実験書』光生館，2000，pp.127-128

安達達彦・吉田宗弘編著『身のまわりの食品分析実験』三共出版，2011，p.103

アタゴ「自動温度補正手持屈折計取扱説明書」アズワン，年不明

農研機構果樹茶業研究部門中村ゆり「糖度計の使い方や仕組みとは？　タイプ別おすすめポイントも」
　https://agri.mynavi.jp/2019_05_15_69806/（2020.6.27 閲覧）

§ 18-6　pH メーター

大久保滋夫「pH メーターの使用上の注意と管理方法」『化学と生物』29（6），1991，pp.375-378

村上俊男編著『基礎からの食品・栄養学実験』建帛社，1998，pp.24-26

下村道子・和田淑子共編著『調理学実験書』光生館，2000，pp.120-130

奥田弘枝・畑江敬子・吉岡慶子編著『改訂 食事設計と栄養のための調理科学実験』光生館，2007，p.5

堀場製作所「卓上型 pH・水質分析計 F-73 取扱説明書」堀場製作所，2012

堀場アドバンスドテクノ「コンパクト型水質計 LAQUA twin シリーズ取扱説明書」堀場アドバンスドテ
　クノ，2017

タクミナ「pH 測定の原理」https://www.tacmina.co.jp/library/coretech/199/（2020.6.29 閲覧）

§ 18-7　温度計

長尾幸雄「サーミスター温度計について」『日本ゴム協会誌』30（10），1957，p.785

山下直「工業計測器としてのサーミスタ温度計」『計測と制御』4（12），1965，pp.874-875

下村道子・和田淑子共編著『調理学実験書』光生館，2000，pp.5-6，pp.137-138

大羽和子・川端晶子編著『調理科学実験』学建書院，2003，p.15，p.17

キーエンス『わかる。温度計測―温度計測のプロが基礎知識から計測ノウハウまで解説　放射温度計編　カタログ』キーエンス，2015

§18-8　顕微鏡

下村道子・和田淑子共編著『調理学実験書』光生館，2000，pp.138-140

大羽和子・川端晶子編著『調理科学実験』学建書院，2003，pp.28-39

§18-9　比重計

浅川昭「実験器具（2）：計測器具，加熱器具について」『化学教育』30（3），1982，pp.243-246

村上俊男編著『基礎からの食品・栄養学実験』建帛社，1998，p.28

下村道子・和田淑子共編著『調理学実験書』光生館，2000，p.5，p.126

大羽和子・川端晶子編著『調理科学実験』学建書院，2003，pp.18-21

横田計器製作所「いろいろな浮ひょう」

https://yokotakeiki.co.jp/contents/resource/various_hydrometers.html（2020.9.4 閲覧）

日本計量器工業「標準比重計」http://www.nikkeithermo.co.jp/publics/index/45/（2020.9.14 閲覧）

索　引

あ

アクチン······57
味付け飯······30
小　豆······72, 81
アスコルビン酸······68
厚焼き卵······47
油······98
アミノ・カルボニル反応······92
アミロース······27
アミロペクチン······27
α-1,4 グリコシド結合······27
α-1,6 グリコシド結合······27
泡立て······36, 86
あん粒子······81

い

E 型回転粘度計······106
いんげん豆······72
インドフェノール法······68

う

内割計算······23
うま味······50, 54
——成分······100
うるち米······26
上皿電子天秤······16

え

SI 単位······15
エマルション······98, 99
L*a*b*表色系······127
塩化マグネシウム······75
エンゼルケーキ······44
えんどう豆······72
塩分濃度計······128

お

オーバーラン······86
オーブン加熱······76
オストワルド粘度計······124

か

回転粘度計······106, 124
ガイドライン······117
香　り······92
果　実······64
カゼイン······84
片側検定······140
片栗粉······38
硬　さ······104
かつお節······100
カッテージチーズ······84
褐　変······64
——防止······64
加　熱······88
——糊化······38
カラギーナン······96
ガラス器具······10, 12
寒　天······94, 96
官能評価······10, 40, 95, 108, 122
乾麩量······34
感　量······16

き

記号効果······110
希　釈······25
起泡性······86
キャベツ······62
吸　水······26, 32, 62, 72
牛　乳······84, 86
きゅうり······62
凝集性······44, 104
強力粉······34
玉　露······102
魚　肉······58

く

くず粉······38
クッキー······92
屈折糖度計······130
グラニュー糖······88, 90

く（つづき）

クリアランス······104
クリーム······86
グルコノデルタラクトン······74
グルタミン酸ナトリウム······100
グルテン量······34
クロロゲン酸······77

け

ケーシング······56
結合組織······50
結晶化······90
ゲ　ル······38, 46, 58, 94
——化······96
顕微鏡······79, 82, 98, 136

こ

光学顕微鏡······136
酵素的褐変······77
酵素による褐変······64
コーンスターチ······38
コーン・プレート型（E型）
······124
粉　質······78
こね······34
粉ふきいも······78
駒込ピペット······19
小麦粉······34
米　粉······32
コラーゲン······51
根茎でんぷん······39
昆　布······100

さ

サーミスター温度計
······52, 56, 134
最小表示······16
最大計量······16
さつまいも······76
砂　糖······9, 44, 88
——衣······90
3 点識別試験法······111

153

索　引

し

塩もみ……………………………62
嗜好型官能評価…………………108
湿麩量……………………………34
自動温度補正機能………129, 130
じゃがいも………………………78
　　──でんぷん…………………79
試　薬……………………10, 22
ジャム……………………………66
種実でんぷん……………………39
順位法……………………38, 112
上縁視定…………………………139
消化性……………………………48
上新粉……………………………32
しょうゆ…………………………30
食　塩……………………………56
白玉粉……………………………32
浸　出……………………………102
親水性……………………………45
浸　漬……………………………26
伸展性……………………………35
浸透圧……………………………62

す

水素イオン濃度…………………132
炊　飯……………………………26
水様卵白…………………………43
すね肉……………………………50
スポンジケーキ…………………36
すまし粉…………………74, 75
すり身……………………………58

せ

ゼラチン…………………94, 96
煎　茶……………………………102
鮮　度……………………………42
洗　米……………………………28

そ

走査型電子顕微鏡（SEM）…136
相乗効果…………………………100
ソーセージ………………………56
測色色差計………………………126
測容器具…………………………12
外割計算…………………………23
ゾ　ル……………………38, 58, 94

た

大　豆……………………72, 74
体　積……………………………20
大量調理施設衛生管理マニュアル
　……………………………………53
炊き込みご飯……………………30
だし汁……………………………100
多重比較法………………………115
卵………………………36, 42, 46
男爵いも…………………………78
たんぱく質………………………28
　　──分解酵素…………54, 96
弾力性……………………………35

ち

調査依頼書………………………116
調理用秤…………………………16

て

低濃度でんぷん…………………40
テクスチャー
　………30, 32, 51, 54, 55, 58
　　──曲線………………………45
　　──測定………………………104
　　──特性………………………105
テクスチュロメーター
　……………44, 46, 104, 122
転化糖……………………………91
電子レンジ加熱…………………76
でんぷん…9, 13, 26, 28, 38, 40

と

同意書……………………………116
透過型電子顕微鏡（TEM）…136
糖度計……………………………130
豆　腐……………………………74
共立て法…………………………37
とろみ……………………………40

な

菜種法……………………………20
生あん……………………………81
生野菜……………………………62
軟　化……………………………54

に

にがり……………………………75

肉
肉………………………………54
2点識別試験法…………………110
2点嗜好試験法…………………111
煮干し……………………………100
Newell & MacFarlane……38, 112
乳化剤……………………………98
乳化性……………………………98
乳脂肪……………………………86
乳清たんぱく質…………………84
ニュートン流動…………………107

ね

ねかし……………………………34
熱凝固性…………………………46
練りあん…………………………81
粘　質……………………………78
粘弾性……………………………34
粘　度……………………88, 106
　　──計…………………………124

の

濃厚卵白率………………………43
濃　度……………………23, 24
ノート……………………………8, 10

は

抜　糸……………………………90
薄力粉……………………………34
バター……………………………36
破断特性…………………38, 95, 105
パネル……………………………108
ハンバーグステーキ……………52

ひ

pH…………………………………132
　　──メーター…………………132
B型回転粘度計…………106, 125
ビウレット法……………………28
ひき肉……………………52, 56
　　──料理………………………53
ピクノメーター…………………139
非酵素的褐変……………64, 93
比　重……………………………138
　　──計…………………………138
　　──びん………………………139
ビタミンC………………………68
非ニュートン流動………………107
被　膜……………………………85

154

索　引

表色系……………………126
評点法……………………114
秤　量………………………16

ふ

風　袋………………………17
　──引き……………………17
フォンダン…………………90
付着性……………………104
Brix 値……………………130
プロテアーゼ………………54
分散分析…………………115
分析型官能評価…………108
分析用電子天秤……………16

へ

β-アミラーゼ………………77
ペクチン……………………66
別立て法……………………36
ヘルシンキ宣言…………116

ほ

ホイップ……………………86
膨　化………………………36
放　水………………………62
ホールピペット……………18
ホットケーキ………………92
ポリフェノール……………65
　──オキシダーゼ（酵素）…65
ホルモール滴定……………49

ま

マーマレード………………66
マグネットスターラー……23
マッシュポテト……………79

み

ミオシン……………………57
密　度……………………138

む

蒸し加熱……………………76

め

メイラード反応……………92
メークイン…………………78
メスシリンダー……………19
メスピペット………………19
メスフラスコ………………18
メニスカス…………………18
メラノイジン………………93

も

毛細管粘度計……………124
もち米………………………26
木綿豆腐……………………74

や

焼き色………………………92
野　菜………………………68

ゆ

有効数字……………………14
ゆで加熱……………………68

よ

溶　液…………………23, 24
ヨウ素呈色法………………28
ヨウ素ヨウ化カリウム溶液……79
容　量………………………18

ら

卵黄係数……………………42
卵　白………………………48
　──係数……………………42
　──の pH…………………43

り

硫酸カルシウム………74, 75
両側検定…………………140
緑　茶……………………102
倫理委員会………………116
倫理的配慮………………108

れ

レオメーター
　………30, 32, 38, 104, 122
レポート……………………14

155

よくわかる調理学実験書　　　　　　　定価はカバーに表示

2024 年 10 月 1 日　初版第 1 刷
2025 年 3 月 25 日　　第 2 刷

　　　　　　　　編著者　小　川　宣　子

　　　　　　　　　　　　真　部　真里子

　　　　　　　　発行者　朝　倉　誠　造

　　　　　　　　発行所　株式会社　朝　倉　書　店

　　　　　　　　　　　　東京都新宿区新小川町6-29
　　　　　　　　　　　　郵 便 番 号　162-8707
　　　　　　　　　　　　電　話　03（3260）0141
　　　　　　　　　　　　Ｆ Ａ Ｘ　03（3260）0180
〈検印省略〉　　　　　　https://www.asakura.co.jp

ⓒ 2024〈無断複写・転載を禁ず〉　　デジタルパブリッシングサービス

ISBN 978-4-254-61115-1　C 3077　　　　　Printed in Japan

JCOPY ＜出版者著作権管理機構 委託出版物＞

本書の無断複写は著作権法上での例外を除き禁じられています．複写される場合は，
そのつど事前に，出版者著作権管理機構（電話 03-5244-5088，FAX 03-5244-5089，
e-mail: info@jcopy.or.jp）の許諾を得てください．

コンパクト 食品学 —総論・各論—

青木 正・齋藤 文也 (編著)

B5 判／244 ページ　ISBN：978-4-254-61057-4　C3077　定価 3,960 円（本体 3,600 円＋税）

管理栄養士国試ガイドラインおよび食品標準成分表の内容に準拠。食品学の総論と各論の重点をこれ一冊で解説。〔内容〕人間と食品／食品の分類／食品の成分／食品の物性／食品の官能検査／食品の機能性／食品材料と特性／食品表示基準／他

テキスト食物と栄養科学シリーズ 5 調理学 第 2 版

渕上 倫子 (編著)

B5 判／180 ページ　ISBN：978-4-254-61650-7　C3377　定価 3,080 円（本体 2,800 円＋税）

基礎を押さえてわかりやすいロングセラー教科書の最新改訂版。〔内容〕食事計画論／食物の嗜好性とその評価／加熱・非加熱調理操作と調理器具／食品の調理特性／成分抽出素材の調理特性／嗜好飲料／これからの調理, 食生活の行方／他

スタンダード人間栄養学 食品の安全性 (第 2 版)

上田 成子 (編)／桑原 祥浩・鎌田 洋一・澤井 淳・高鳥 浩介・高橋 淳子・高橋 正弘 (著)

B5 判／168 ページ　ISBN：978-4-254-61063-5　C3077　定価 2,640 円（本体 2,400 円＋税）

食品の安全性に関する最新の情報を記載し, 図表を多用して解説。管理栄養士国家試験ガイドライン準拠〔内容〕食品衛生と法規／食中毒／食品による感染症・寄生虫症／食品の変質／食品中の汚染物質／食品添加物／食品衛生管理／資料

テキスト食物と栄養科学シリーズ 4 食品加工・安全・衛生

大鶴 勝 (編)

B5 判／176 ページ　ISBN：978-4-254-61644-6　C3377　定価 3,080 円（本体 2,800 円＋税）

〔内容〕食品の規格／食料生産と栄養／食品流通・保存と栄養／食品衛生行政と法規／食中毒／食品による感染症・寄生虫症／食品中の汚染物質／食品の変質／食品添加物／食品の器具と容器包装／食品衛生管理／新しい食品の安全性問題／他

生食のはなし —リスクを知って、おいしく食べる—

川本 伸一 (編集代表)／朝倉 宏・稲津 康弘・畑江 敬子・山﨑 浩司 (編)

A5 判／160 ページ　ISBN：978-4-254-43130-8　C3060　定価 2,970 円（本体 2,700 円＋税）

肉や魚などを加熱せずに食べる「生食」の文化や注意点をわかりやすく解説。調理現場や家庭で活用しやすいよう食材別に章立てし, 実際の食中毒事例をまじえつつ危険性や対策を紹介。〔内容〕食文化の中の生食／肉類／魚介類／野菜・果実

災害食の事典

一般社団法人 日本災害食学会 (監修)

A5 判／312 ページ　ISBN：978-4-254-61066-6　C3577　定価 7,150 円（本体 6,500 円＋税）

災害に備えた食品の備蓄や利用, 栄養等に関する知見を幅広い観点から解説。供給・支援体制の整備, 事例に基づく効果的な品目選定, 高齢者など要配慮者への対応など, 国・自治体・個人の各主体が平時に確認しておきたいテーマを網羅。

上記価格は 2025 年 2 月現在